宗教史学者が世界六大宗教から選ぶ「信仰のことば」

菊地章太

星海社

314

SEIKAISHA SHINSHO

はじめに

ここに集めた信仰のことばの数々は、自身が勇気づけられたものであるよりは、世の中をあきらめることができたものの方がよほど多い。それにはもちろん理由がある。

占いが約束したはずの幸せにすがりつけなくなったとき、夢に描いた日々を思い出すことさえ疎《うと》ましくなったとき、世間から相手にされない自分にあいそが尽きたとき……、この世ならざるものに思いをひそめる。信仰に向かって心が動くのは、おそらくそこから先のことであろう。

聖書や仏典に書いてあることをそのまま信じるのは、今の時代には（少なくとも自分には）もはやできない。それでも、信仰に生きた人々が作りあげたものの大きさは、宗教を頼みにしていない身にも感じることはできる。その圧倒的な迫力、その恐ろしさ、あるいは、優しさ、悲しさ、そして美しさに囚《とら》われてしまったとき、ちっぽけな自分などもうどうでもよくなる。私たちは特定の宗教を信じることはなくても、信仰によって作られたもの、書かれたもの、なされたことを通じて、宗教の力を実感できるのではないか。その偉大さを信じることもできるのではないか。そのために、ものそのものに、あるいはことに、じかに向きあえる場に自分を置こうと努めてきた。とはいえそれを実現させていくのは並大抵ではなく、半生をかけてもかなわぬことばかりである。

生まれ育った土地では教会が身近にあり、求めるところがあった。大学へ進める境遇ではなかったが、もしもかなうなら、キリスト教の信仰や芸術について学びたいと願った。大学を出てから、その根底にある神学への思いやみがたく、給費留学生試験を受けて、南フランスの神学大学で学んだ。帰国して小さな女子大学に就職し、そこでいろいろな授業を次から次へと受け持つことになった。追われ続けて、ずっと抱いてきた夢も消えてしまったとき、同僚の先生方が仏教や道教やイスラームについて学ぶ機会をあたえてくださった。そうして専門とするものもないままに歩いてきたのである。

信仰を抱くことはついになかった。それでも信仰の世界にあこがれ、思いめぐらすことに自分をつないできた。いくつものあきらめから立ちあがろうとしてきた。本書を手にとってくださる方々に、たとえわずかなりとも心に響くところがあったなら、このうえなくありがたいことだと思う。

付記

本文中に参照した原典を示した。多くの注釈書に助けられて読み解いたものばかりだが、それは注記していない。とりわけイスラームに関する記述は、邦文や欧文の訳書に頼った。文献を引用する場合、本文に応じて文字や表記を改めてある。そのこともここにまとめて記しておきたい。宗教文献に登場する人々の呼称には、現在は差別語とされるものが少なくない。もとより差別の意図はなく、ここではそのまま用いた。

目次

四　ユダヤ教のことば　131

六 キリスト教のことば 205

一　儒教のことば

今の自分は
東へ西へ、南へ北へと
行ったり来たりする身である。

『礼記』「檀弓上」より

その人は幼いころ父を亡くした。

それからは母とふたりきりで暮らした。やがて母も亡くなる。父の墓がどこにあるのかわからない。いっしょに眠らせることができずにいた。

その人自身、中年を過ぎても居場所を見つけられない。住む家も定まらぬ身である。いつか人づてに聞いて、亡き父の墓が知れたので、母をかたわらに葬ることができた。ふた親の墓をようやく築くことができたのだ。

彼が立ち去ったあと、雨が降り続いた。いつしか大雨となった。聞けば、墓の土はくずれてしまったという。離れた場所にいる身では、どうすることもできない。だまって聞いているうちに、涙がぽたぽたとこぼれてきた。

その人の名は、孔子である。あの『論語』の孔子である。天は孔子にささやかな父母の墓を築くことさえ許さなかった。この哀話は儒教の聖典『礼記《らいき》』「檀弓上《だんぐう》」に出てくる。紀元前の前漢時代に成立した書物とされ、孔子の没後数百年を経て書かれた。やがて中国思想史に冠絶する孔子の名声は、このときすでに確立しつつあったとはいえ、こうした挿話もいくつか書きとめられている。

孔子は晩年なおも流浪の身であったという。みずから語る。

「今の自分は東へ西へ、南へ北へと行ったり来たりする身である。せめて父母の墓をそれとわかるようにしておきたかった」

最初の一文、もとの漢文を読みくだせば次のとおりである（原文は以下を参照。新釈漢文大系『礼記 上』明治書院、一九七一年）。

「今、丘や、東西南北の人なり」

丘は孔子の名である。孔子の母は巫女とされる。底辺の身だった。孔子は庶子だともいう。教育と言えるほどのものは受けていない。長じて倉庫の番人となったのち、職を転々とした。ときは紀元前の春秋時代である。諸子百家が並び立った。かつて周王朝に栄えた礼の学問はすたれて久しい。正統な伝授が途絶えた礼学ゆえに、孔子はこれを身勝手に標榜して仕官に努めたが、いつも状況がわざわいして長続きしたためしがない。失意の連続だった。「東西南北の人なり」ということばは、彼の境遇をたしかに伝えている。

孔子の没後数世紀を経て、その主張は儒学として堅牢堅固に整備され、東アジアの宗教思想の根幹となっていく。彼自身も聖人と崇められたが、それはずっとのちのことである。事実は失敗の人生であった。

東西南北の人。――決して他人事ではない。おのが居場所が見つからない。いずこの土地の土と終わるか知れない。どれも身につまされることばかりだ。そんな身の上から語り出されたことばにこそ、おつにすました後世の聖人像からは想像もつかない、老残の人の真実がこもっているように思えてならない。

世に用いられなかった。
だからなんでもできるのだ。

『論語』「子罕」より

あるとき太宰《たいさい》が孔子の門人の子貢《しこう》に問うた。この話は『論語』「子罕《しかん》」に出てくる。太宰というのは大臣の官名である。呉《ご》の国の大臣だという。その人がこんなことを尋ねた。

「あの御方は本当に聖人なのかね。ずいぶんいろいろとおできになるようだが」

世間では孔子を聖人とうわさしている。大臣はそれに疑問を抱いたのだろう。子貢は答えた。

「もちろんです。孔子様は天の許したもうた大聖ですから、本当にいろいろなことがおできになるのです」

のちに孔子はふたりの問答を伝え聞いて、こう語ったという。

「大臣殿は私の素性を見抜いたようだ。私は生まれついてからずっと下賤の身だった。だからつまらないことでも何でもこなしてきた。そもそも立派な君子はあれこれできるものではない。あれこれできるような男が君子であるわけがない」

原文の一節は次のように読みくだせる（原文は以下を参照。新釈漢文大系『論語』明治書院、一九七六年改訂版）。

「吾、少《わか》くして賤《いや》しかりし。故に鄙事《ひじ》に多能なり」

鄙事というのは卑《いや》しい仕事のことである。なんでもかんでもできるとしたら、それこそ身分が低い証拠である。洋の東西を問わない。貴顕の人は指図するだけでよい。こまごました仕事は召使いや奴隷がする。そんなことに長《た》けたやからが聖人のはずないではないか。孔子はそれをわきまえていた。身に沁《し》みて知っていた。

孔子の生い立ちについては不明な点があまりに多い。若いとき倉庫の番人をしていたという。これは司馬遷の『史記』に記されている。牛小屋の番人もしたという。家畜を上手に育てたとあるから、たしかに「鄙事に多能」であったのだろう。『史記』の「孔子世家《せいか》」は孔子の伝記としてもっとも古く、また詳細であるが、あまりあてにならないことは古くから言われてきた。ただ、卑賤の出であったことは間違いなさそうである。

先ほどの文章に続いて、門人の子張《しちょう》が聞いた孔子のことばを伝えている。

「自分は世に用いられなかった。だからなんでもできるのだ」

原文を読みくだせば次のとおり。

「吾、試《もち》いられず、故に藝《げい》あり」

うしろだてのない人間の哀しさである。「藝あり」とは多能ということである。何でも器用にこなせたところで、そうやすやすと雇ってくれるところなどない。何もせずともよい役がまわってくる、そんな結構な境遇とは縁がなかったのだから仕方ないではないか。

古い川柳がある。

「藝が身を 助くるほどの 不仕合《ふしあわせ》」

『牧野富太郎自叙伝』を読んでいたら、この句が引いてあった。

生家のたくわえを使いはたしたとき、大学の植物学教室に助手として採用されたという。のちにその抜群の業績が認められ理学博士の学位を授与されるが、もともと経歴が貧しく、もちろん後見もない。家族を養うにはまるで足りない給料だが、ともかくも職にありつくことができた。そのときこの句を思い返したそうだ。

句の作者は京都の俳人とされる。享和三年（一八〇三）の随筆集『東牖子《とうゆうし》』に言及があり、当時あまねく知られた高名の句だったという。辞書（たとえば『日本国語大辞典』）の説明では、道楽で習い覚えたことを、おちぶれてから稼業にすることの情けなさを吐露した作とされる。しかし牧野博士はそうした意味でこの句を引いてはいない。

博士の自伝は肝心のことは伏せておいて手柄話ばかりである。自伝とはそういうものだが、なにしろスケールが大きい。それでも、ときおり身を切るような思いが透けて見える。博士はあまたの植物図譜を文字で記述し、写生画を描き、印刷屋に師事してみずから石版で印刷し続けた。たったひとりでそれをこなしてきたのである。

何でもやる人を世間はほめそやし、そして軽んじる。何でもかんでもやって生きていくしかなかった。そのつらさは本人しか知りようがない。そんなとき思い出したい。みずからの道をみずから切り開いていったこの人たちを。

なんとも香り高く端正ではないか。
その周に私は従おう。

『論語』「八佾」より

昔はよかった。

老いの繰《く》り言《ごと》、私も日にいくたびか口にする。

今より昔がよいはずがない。今が不快でたまらないから、今の人が知らない昔を持ち出してきて称讃する。このあわれむべき老人性憤懣《ふんまん》症の本家本元は、またも孔子である。

孔子の生きた時代、すでに上古の礼制はすたれていた。礼制とは礼儀・礼法・礼式百般にかかわる細則である。それはいにしえの聖人によって定められたものであるという。礼のあるところにこそまことの文化がある。孔子にとってそれは端的に、周王朝さかんなりしときの文化を指した。『論語』「八佾《はちいつ》」に孔子は讃えて言う。

「なんとも香り高く端正ではないか。その周に私は従おう」

原文は次のように読みくだせる。

「郁々乎《いくいくこ》として文なるかな。吾は周に従わん」

あやなす文化の花々があふれんばかりに香り立っていたという。孔子はそう信じてやまない。そんないにしえの世をひたむきなまでに敬慕した。

原初の世界に理想の社会が実現していたとする。かつて世界は均衡を保っていた。だがそれはいつまでも続かない。いつしか不調和が広がる。やがて世界は不均衡な状態へと転落していく。こうした悲観的な見方がひそんでいる。下降的な歴史観がそこにある。現在は悪しき世である。過去にこそ理想の世が実現していたという。だが、かつても今もそんな結構な時代があったためしなどない。つまりは観念の中の拠りどころに過ぎないのだが、こうした理念だけは中国思想に連綿と受け継がれていった。実現しなかったからこそ、かえって理想は生き続けたとも言える。

孔子にとって、理想の社会とは遠い過去に存在したものである。未来にあるものではない。上古の帝王たちの時代にこそ人倫の範型を求めるべきだという。人としてあるべき姿とは、彼らが実現していたものにほかならない。これを「先王《せんおう》の道」と呼ぶ。それからあとはことごとく堕落した時代である。先王の道の復活、上古への回帰こそが後世の人間の務め。先王の道に倣《なら》って、かつておこなわれていた礼を実習する。「学びて時にこれを習う」のである。その積み重ねを通じて礼をおのが身に体する。すべてはここから出発する。

のちの儒教において重要となる徳目は「孝」であり「仁」である。孝にせよ仁にせよ、その実践は行為の規範である「礼」によらねばならない。礼は伝統にうらづけられるべきものである。

同じ「八佾」にこんな話がある。

孔子が魯《ろ》の国の霊廟において礼儀の作法をこまごまと尋ねた。ある人がそれを見て言った。

「鄹《すう》の町の小役人の倅《せがれ》が礼を知っているなどと誰が言ったのか。霊廟に来てあれこれ聞いている始末ではないか」

孔子は言う。

「それが礼なのだ」

鄹は魯の国の町の名で、孔子の亡父叔梁紇《しゅくりょうこつ》はそこの役人だったという。

ふりし世の礼制について孔子が知らなかっただけではない。そんな昔のことを記憶している人などもはやいなかった。だからしつこく質問したところで恥にはならない。それどころか、万全を期して事細かに問いただすことこそ礼の精神にかなっている。そう言ってのけたのだ。

儒教の聖典『礼記』は、かつておこなわれていたとされる礼制の記録である。周王朝が建国されたとき、初代周公がこれを定めたものと信じられてきた。孔子はこれを規範とし、これに倣い、これを復興し、今の世に実践すべく、あてのない努力を重ねてきたのである。

それでもなお、孔子のこの一徹な心酔ぶりが、なぜか慕わしくもある。

神霊は人から遠く隔たったところに
おられるのでしょうか。

『礼記』「郊特牲」より

先祖を祀る。これが儒教における儀礼の中心である。葬祭をはじめとするあらゆる礼制は驚くべき煩瑣《はんさ》な規則に満ちており、儒教の聖典『礼記』および『儀礼《ぎらい》』の記事の大部分がそれによって占められている。

何十日にも及ぶ葬祭がとどこおりなく終了したのちに、故人の霊魂を安らかにするための祭祀が時を置かずにおこなわれる。これを虞祭《ぐさい》と呼ぶ。「虞」は安らかにする意である。新たに主人となった喪主が故人の霊魂を祀るにあたり、故人の孫を選んでその「かたしろ」に迎える。これを尸《し》という。尸は屍《し》のもとの字であり、本来は「しかばね」を意味するが、『礼記』「郊特牲《こうとくせい》」に「尸は神《しん》の象《かたどり》なり」とあって、神霊をかたどるものとされた。

子が親を祀るのに、もはやその姿かたちを見ることがかなわない。そこで尸を立てた。なぜ孫かと言えば、祀られる者の嗣子は喪主本人なので尸にはなれない。尸が故人のかたしろである以上、故人のおもかげを宿している孫が求められた。これに故人の服をまとわせ、故人その人のごとくになった尸を招いて饗宴が始まる。

主人の兄弟が尸をともなって門に入る。主人は尸に着座をうながす。このとき次のように問う。

「神霊がどこにおられるのかわかりません。あちらでしょうか、こちらでしょうか。それとも神霊は人から遠く隔たったところにおられるのでしょうか」

原文は「神《しん》の在《あ》るところを知らず。彼《かしこ》に於いてか、此《ここ》に於いてか、或いは諸《こ》れ人に遠ざかるか」と読みくだせる。天と地と、東西南北の四方に向かって故人の霊魂に尋ねたのち、これを招くのである。

庭で犠牲《いけにえ》を屠《ほふ》り、その頭《かしら》を室内に運んでお供えする。尸をもてなすにあたり、主人みずから最善の品々を調える。生肉を大小さまざまに切ったものをあつらえ、茹でたものや煮たものをあつらえておく。どれか一種では神霊の心にかなうかわからないからである。

ここには尸に仕える人々の恭順が示されている。ここまでしたところで、亡くなった人の霊魂がはたしてどこにいるのか知るすべもなく、誰にも定められない。それでもなお、あとに残された人々は奉仕に心を砕くのであった。

饗宴の座で、主人は尸を拝し、三たび食を勧める。尸が三たび食する。また三たび勧め、三たび食し、さらに三たび勧め、三たび食する。これを九飯《きゅうはん》という。さらに主人は酒を爵《しゃく》という器に酌《く》んで尸に勧める。主人から尸へ、尸から主人へと献杯がくりかえされる。

やがて宴が果てると、主人は哭《こく》し、夫人も哭する。哭は慟哭《どうこく》である。これも儀式の一環であった。尸が門を出る。主人は夫人とともにふたたび哭する。

以上で一回の虞祭が終了する。

昔の中国の人々は考えた。人は精神と肉体からできているのだと。精神をつかさどるものを魂《こん》といい、肉体をつかさどるものを魄《はく》という。魂と魄とがひとつに結びついているとき、人は生を営んでいる。やがて生を終えると魂魄は分離すると考えた。

かくして子孫は祭祀の場で、はなればなれになった先祖の霊魂を呼びもどして再生させたのである。先祖の忌日にもまた一族の者を選び、そこに魂と魄を依りつかせた。香を焚いて天から魂を招き、酒を大地にそそいで魄を呼び起こす。こういう習俗は地球上の多くの民族がおこなっている。いわゆる招魂儀礼である。漢民族だけのものではない。

後世の儒者によって粛然《しゅくぜん》と整備された典礼からはおよそ想像もつかないような、恍惚に満ちた降霊の儀式によって、死者はいっときなつかしい家族のもとに帰ることができた。孫の体に乗り移った亡き人の霊魂を、心を尽くしてお迎えする。残された者たちはあたかも死者にまみえるがごとく、死者はその場に居ますがごとく、幽明境を異にする一族がふたたびつどいあって正餐にあずかる。かつて目の前の御馳走をともにし、ともに談笑し、ついにみまかった人も、今日はここにいる。

こうした死者と生者のむつみあうぬくもった世界はしかし、いつしか漢民族の文明社会から遠ざけられ、冷たい秩序の背後に追いやられていった。それでもなお、亡くなった人の魂に語りかける行為が絶えてしまったわけではない。私たちにとってはどうだろうか。次項で考えてみたい。

魂には行けぬところなどない。
行けぬところなど……。

『礼記』「檀弓下」より

中国は春秋時代のことである。呉《ご》の国の王族で季札《きさつ》という人がいた。孔子と同年配である。季札が斉《せい》の国に旅した。同行した息子が旅先で亡くなったので、そこに墓を築いた。孔子が弔問に訪れている。季札は息子を葬ると、号泣して言った。

「骨と肉が土に帰るのは天命というものだ。だが魂には行けぬところなどない。行けぬところなど……」

原文の一節は次のように読みくだせる。

「魂気のごときは則ち之《ゆ》かざる無きなり、之かざる無きなり」

息子のなきがらを旅先で葬るしかなかった父は、そう語り終えたのち、ようよう立ち去ったという。

生を終えたとき、息子の精神と肉体は別々のものとなった。魂と魄が分離したのである。たとえ遺骨は異国の土になったとしても、魂はそこに埋もれはしない。どこへなりとも飛んで行くことができる。季札はそう信じた。息子の魂はいつか故郷へ帰り着くに違いない。そこで眠るに違いない。

これは『礼記』「檀弓下」に出てくる話である。同書「郊特牲」には、「魂気は天に帰し、形魄は地に帰す」とある。精神も肉体もいずれその本来の場所に戻るのだという。

魂はいったいどこへ向かうのか。

かの国の人の思いについてはここに述べたとおりである。次に、私たちの身近なところから考えてみたい。

魂の行き着くところなどない。そう割り切れるなら簡単である。そんなことは普段の生活の中で考える余裕もないが、お盆やお墓参りのときなど、ふと頭をかすめたりもする。昔の人はどのように考えてきたのだろう。

柳田國男《やなぎたくにお》に「魂の行《ゆ》くへ」という文章がある（『若越民俗』第五巻二号、一九四九年）。次のように言う。

「魂になつてもなほ生涯の地に留まるといふ想像は、自分も日本人である故か、私には至極楽しく感じられる。出来るものならばいつまでも此国《この》に居たい」

魂は生まれ育った国にとどまるという。その国の文化が美しく発展し、みずから開拓した学問が世の中に貢献する日が来るだろうか。それを「どこかささやかな丘の上からでも、見守つて居たい」と柳田は願った。

この世とあの世との間がそれほど隔たったものとは考えられていない。それどころか「丘の上から」というほどに隣りあっていると語られる。山に囲まれた土地に生まれ育った人にとって、亡くなった父母の魂は山にいて、子どもたちが世に出て働くのを見守っている。仏教の宗派が説くような、十万億土の遠い彼方になど行きはしない。そのことをこの日本民俗学の開拓者はくりかえし述べている。

海辺で生まれ育ち、海を見ながら暮らす人々にとっては、亡くなった人の魂は海の彼方にいるのかもしれない。生活の中に海のある人が、一生を終えたあと安らう場所は、海辺の墓地であったろう。山を眺め暮らし、山が生活の中にある人にとって、霊魂のおもむくところは山の上に、あるいは山の向こうにあるのかもしれない。

山とは言っても、それは故郷から望む高峰であったり、あるいは家屋敷の後ろの丘であったりもする。おしなべて周囲の親しい自然のふところに、霊魂の住まう場所があると観念されている。御先祖様は朝な夕なに眺め暮らす山々に安らっている。

先祖の魂は、しかしそこにいるだけではなかった。近世に位牌が普及してからのちは、故人の霊魂はそこに依りつくものと観念されてきた。御先祖様は位牌のうちにいる。そして墓にもいる。山にもいる。それは矛盾することかもしれない。けれども、それはそのままでおさまっている。

先に逝った人は仏壇の位牌のもとにいて、家族が無事に帰宅するのを待っている。私たちも帰ったら位牌に「ただいま」と声をかける。そして墓で静かに眠っている。お盆の季節を待ちわびながら、夏の夕暮れに家族がそろって迎えにくるのを待っている。そして山の向こうから、つらい日々を耐えて生きる肉親を見守っている。いつかは私たちもそこへ行く。それを楽しみに待っている。

山古志から望む八海山、新潟県（筆者撮影）

二　道教のことば

世の中の役に立たない者になることを
ずっと願ってきた。

『荘子』「人間世篇」より

朝が来た。

大木のこずえのそこかしこから、鳥のさえずりが聞こえてくる。

夏の日射しを避けるように、けものたちが集まってきた。

枝葉の広がりは牛の群れを覆い隠すほどである。

それは土地の神と崇められる櫟《くぬぎ》の木であった。

幹の太さは百抱えもあり、高さは山をも見おろすばかり。「十仞《じゅうじん》」というから十数メートルも上で枝が茂っている。その枝で舟が造れるくらいだ。見物人で市が立つほどのにぎわいである。

大工の親方が通りかかった。名は石《せき》という。見上げるばかりのこの神木に、石親方は目もくれずに行ってしまった。見とれていた弟子たちは、親方を追いかけて尋ねた。自分らが弟子入りしてから、あれほど立派な木は見たこともないのに、なぜ見向きもせず立ち去るのかと。親方は答えた（原文は以下の校訂本を用い、現代語訳を参照した。福永光司、興膳宏『老子 荘子』筑摩書房、二〇〇四年）。

「あれは役に立たない木だ。舟を造れば沈んでしまう。棺桶を作ればじきに腐り、道具を作ればすぐに壊れる。門扉にすればヤニが吹き、柱にすれば虫が喰う。まったく使い道がない。そんな無用の長物だから、大木になりおおせたのだ」

「役に立たない木」の原語は「散木《さんぼく》」である。

その夜、石親方の夢に櫟の神木が現れて言う。

「おまえはこのわしを何と比べるつもりか。役に立つ木にでも比べたいのか。山樝子《さんざし》も梨《なし》も橘《たちばな》も柚《ゆず》も、実が熟すればもぎ取られ、枝は折られて裸にされる。なまじ人の役に立つばかりに、わが身をさいなまれたあげく、天寿をまっとうできず若死にしてしまう。みずから俗世間に打ちのめされているようなものではないか。世の中のものどもはどれもこのたぐいだ」

「櫟の神木」の原語は「櫟社《れきしゃ》」である。このことはのちほど述べたい。「役に立つ木」の原語は「文木《ぶんぼく》」であり「散木」の対語である。

神木は続けて言う。

「わしは世の中の役に立たない者になることをずっと願ってきた。枯れていく今、それがまっとうできて、大いに自分の役に立ったのだ。もしもわしが世の中の役に立つ木であったなら、これほどの大木になれたろうか。おまえもわしも似たものなのに、なぜ同じようにできないのか。おまえだって老いさらばえて役に立たない人間だろう。どうして役に立たない木のことがわからんのか」

最初の一文、原文を読みくだせば、「予は用う可き所無きを求むるや久し」である。「役に立たない人間」の原語は「散人」であり「散木」の類語である。

親方は目が覚めてから、夢のことを話すと、弟子が尋ねた。

「自分から無用であろうとする者が、なぜ神木になどなったのでしょう」

親方は弟子を制して言う。

「あの木はただ神木の姿に身をまかせているだけだ。もののわからぬ奴らがうっとうしいからだろう。神木にならなかったところで伐り倒されることはない。あの木が心に抱いていることは世間の者どもとは違うのだから、正論をふりかざすのは見当違いだ」

最後の一文、原文は次のように読みくだせる。「彼の保つ所は衆と異なるに、義を以て之《これ》を誉《ただ》すは亦《また》遠からずや」

以上が『荘子』「人間世篇《じんかんせい》」が語る櫟社の話である。

古代中国では「社《しゃ》」は土地神を意味した。その起源は中国の歴史の黎明期にまでさかのぼる。遠い過去には樹木が社それ自体であった。一本の木がそのまま土地の神と崇められたのである。時代がくだると社の実体はさまざまな形象に置き換えられていくが、清朝の最末年においてもなお樹木の崇拝は大地に根をおろしていた。フランスの中国学者エドゥアール・シャヴァンヌは華北の調査旅行のおりに、大平原に立つ大木をしばしば目にした。それは祈願と謝辞を書きつけた赤い帯をめぐらす土地の神の姿だったという。『荘子』のこの話も古代の社の文献的徴証のひとつとして言及されている（拙訳『古代中国の社 土地神信仰成立史』平凡社、二〇一八年）。

さて、『荘子』はここで何が言いたかったのか。

注釈書の多くは「無用の用」を説いた寓言と解釈する。たしかにこれに類する話がいくつもあり、たとえば「山木篇《さんぼくへん》」には木樵《きこり》が伐ろうともしない大木が登場する。何の木とは書いてないが、まったく使い道がないから大木のままでいられるのだとある。人は誰も「有用の用」を知るが「無用の用」を知らないという説明も加えられた。

有用な者も無用な者も、世の中の役に立つ者も立たない者も、誰もみな生きている意味があり、この世に存在する価値がある、などと善人が喜びそうなことは『荘子』は言わないだろう。「彼の保つ所は衆と異なる」のであれば、次の理屈もあってよいはずだ。

世の中の役に立つ者も立たない者も、誰も生きている意味などない。この世に存在する価値などない。

……なんというひねくれた捉え方を自分はするのか。

「身をようなきものと思いなし」

この古文に囚《とら》われたのは、十代のなかごろだった。それから五十年が過ぎた。無意味な年月を無用の身で過ごしてきた。

土地神の大木（Édouard Chavannes, *Mission archéologique dans la Chine septentrionale*, II/2, Ernest Leroux, 1909）

人々はおのずから裸の心でいられる。

『老子』第五十七より

『イソップ寓話集』にこんな話がある。

カエルの国には王様がいなかった。

そこでカエルたちは、すてきな王様をくださいと神様にお願いした。それを聞いた神様は池に丸太を投げ込んでやった。

ドボンという水音に驚いたカエルたちは、じっとようすを見ていた。けれど王様はいつまでたっても動かない。一匹のカエルが恐る恐る王様にさわってみた。王様はあいかわらずプカプカ浮かんだままである。カエルたちはすっかりバカにして、丸太の上に乗ったりはしゃいだり。

こんな王様ではつまらないから、もっと立派な王様をくださいと、神様にまたお願いした。あまりうるさくせがむものだから、神様はとびきりの王様を遣わすことにした。それはすらっとした真っ白な鷺《さぎ》だった。

カエルたちは今度は大喜び。すてきな王様をほれぼれ見上げていると、たちまちカエルは鷺の王様に一匹残らず喰われてしまったという。

カエル食べ放題の王様を水蛇《イドロス》とするテクストもある（Émile Chambry éd., *Ésope, Fables*, Les Belles Lettres, Paris, 1927）。そういう王様ならそこら中に掃いて捨てるほどいるから、何だってかまわない。

本当によい王様というのは丸太ん棒のような王様である。何もしない王様というのが一番なのである。力のある為政者が、理想の王様とは限らない。何か大層なことをすれば、為政者にとっては名誉かもしれない。しかし、そもそも偉業と呼ばれるようなものが、何の犠牲もなしに達成されることなどあり得ない。そのツケを払わされるのは、いつも弱い人々なのだ。貧しい人々なのだ。

イソップにはそのことが痛いほどわかっていた。彼は奴隷だったという(ヘロドトス『歴史』二巻一三四節)。

もとよりイソップと『老子』は何の関係もないが、その精神には共通するものがある。

『老子』は言う(第十七)。

「王様がいるらしいということしか知られていない、そんな王様が一番よい王様である。次によいのは人々が親しみを感じて拍手する王様。だめなのは人々が怖がる王様だ」

為政者が民を教化する。厳正にする。富貴にさせる。そんなことさらな事業はおこなわずともよい。平穏無事でさえあればよい。そのような統治を『老子』は理想とした。

同じ理想が『荘子』「応帝王篇」に老聃《ろうたん》のことばとして語られている。聃は老子の字《あざな》である。いわく、「天下を覆うほどの功績をあげながらも、その人の力によるものとは誰も意識せず、あらゆるものを教え導いても、人々はそれを頼みともしない」とある。ユートピアという語は「どこにもないところ」を意味するという。彼らが語るような統治など現実にあろうはずがない。それは抑圧された身のあえぎでしかない。『老子』は言う（第五十八）。

「ゆったりと治まっている国では人々に落ち着きがある。おかみが目を光らせてばかりいる国では人々は慄《おのの》くしかない」

　ところで老子その人の出自はどこに求められるのか。

　これはまったく不明と言うほかない。実在の人物かどうかも疑われている。

　後漢の時代、二世紀に桓帝《かんてい》が老子の廟を建立し「老子銘」を刻ませた。そこに「楚《そ》の相《そう》県の人」とある。相県はいにしえの宋《そう》の地に属していた。

　繁栄をほこった殷王朝が革命によって滅ぼされたのち、王族のかたわれが征服王朝の周によって現在の河南省商丘《しょうきゅう》の地に封じられた。これが古代の宋国の始まりである。成り立ちからして国とは名ばかりの脆弱な集団であった。周辺の大国からあいついで攻められ、前三世紀に滅んだ。

　殷の遺民は一部が洛邑《らくゆう》（のちの洛陽《らくよう》）に移された。儒教の聖典『書経《しょきょう》』に「殷の頑《かたくな》な民を慎重に処して洛邑に遷《うつ》す」とある。その子孫は数百年にもわたり抑留された。六世紀に書かれた『洛陽伽藍記《がらんき》』は、都城の東北に上商里《じょうしょうり》という殷の末裔の居住地があったと伝える。そこは「殷の頑民」が住む土地で、焼物作りの職人ばかりひとかたまりになって、ひっそり暮らしていたという。

老子宋人説にはたいした根拠があるわけではない。あくまでひとつの伝承に過ぎない。しかし見方を変えれば、このような伝承が生じたのも、『老子』が語ることばの中に亡国の人であればさもありなんという思いがひそんでいる、と誰もが察したからではないか。

老子の出身地についての是非はとにかくとして、少なくとも、老子を亡国の人とするその受けとめ方は、やはり『老子』の思想を理解するうえで考えさせられるものがある。

為政者のありようについて『老子』は言う（第五十七）。

「私が何もしないことによって人々はおのずから導かれる。私が落ち着いていれば人々はありのままでいられる。私が何も努めなければ人々はおのずから豊かになる。私が何も欲しないなら人々はおのずから裸の心でいられる」

原文は次のように読みくだせる。

「我れ為《な》すこと無くして民自《おのずか》ら化し、我れ静を好みて民自ら正しく、我れ事無《ことな》くして民自ら富み、我れ欲無くして民自ら樸《ぼく》なり」

樸は伐り出したままの原木「あらき」の意である。

功績などなくてよい。余計な利益もなくてよい。むやみに余ってさえいなければ、誰も余分に欲しがることはない。争うこともなく、泣く者もいなくてすむ。だから力《りき》まない王様、はりきらない王様こそが、弱い人々にとって理想の為政者なのだ。貧しい人々にとって一番よい王様なのだ。

名を挙げようと努めないことである。あえて事をおこなわないことである。何事もないのを尊ぶことである。名無きこと、為す無きこと、事無きことを理想とする。

無名と無為と無事の渇仰《かつごう》。

それは、有名なる力に痛めつけられ、有為を強いられ、有事を耐え忍んできた人々の思いではないか。

英文『北京好日』で知られる作家林語堂《りんごどう》は述べている。水につかって船を引く苦力《クーリー》の日《ひ》銭《ぜに》は、家族の腹を満たす粗末な二度の食事で消えてしまう。あとには何も残らない。それでも彼らは満ちたりて幸せに暮らしているという（鋤柄治郎訳『中国＝文化と思想』講談社、一九九九年）。

日本語の「幸せ」にあたるのは漢語の「福」である。しかしこれは手放しでは使えない。人々は「福を祈る」ことで、かえって罰《ばち》があたるのを恐れた。幸せがはかないものであることは誰もがわきまえている。神々がそれを妬むがゆえに、わずかな福さえも損じかねない。目の前のささやかな平穏が続いてくれさえすれば、それ以上は望まないのである。

こうしたつつましい幸せを人々に教えてきたのは転変する社会であり、そこでつちかわれた処世の精神である。その根底にあるのは『老子』や『荘子』を中心とする道家《どうか》の思想にほかならない。これがのちの道教の思想基盤となっていく。

「道」には永遠に名がない。

『老子』第三十七より

『老子』は「道」とはこれこれのようなものだと語る。しかし「道」をこれであるとは定義しない。なぜか。

『老子』とならぶ道家の書『荘子』にこんな話がある（「知北遊篇」）。

あるとき泰清《たいせい》氏が無窮《むきゅう》氏に尋ねた。「あんたは『道』というのを知っとるか」

すると無窮氏は「わしゃ知らんね」と答えた。そこで無為《むい》氏に同じことを尋ねたら、「わしゃ知っとるぞ」と答えて、くどくど説明し出した。それを聞いていた無始《むし》氏が言う。

「知らんと答えた方が、よくわかっとるようじゃ。知っとると答えた方は、本当はわかっとらんのさ」

これを踏まえて、『老子』は言う（第五十六）。

「知る者は言わず。言う者は知らず」

ここでいきなり脇道だが、『老子』と『荘子』の関係について付言したい。

世に「老荘」ということばがある。『老子』が先で『荘子』が後だという。『老子』の思想を敷衍《ふえん》したのが『荘子』諸篇であると考えられてきた。だがこうした伝統的な理解は徐々に揺らいでいる。『荘子』において展開するのは、初発の意気にあふれた雑駁《ざっぱく》な世界である。その中で個々人が躍動する。そこから固有性を捨象して、高度に尖鋭化させるのが『老子』の本領かもしれない。老荘とは言うが、事実は『荘子』が『老子』に先行するのではないか。そうした見方もおこなわれつつある。

さて「知る者は言わず」に戻ろう。

いったいことばで表現するということは、思想なり感情なりにひとつの形をあたえる作業である。それによって、今まで明確ではなかった「ある何か」が明確に意識されるようになり、他者への伝達も可能となる。しかし、それはまた、明確でないからこそ変容の可能性を維持してきた「ある何か」を、ひとつのことばという枠に閉じ込めていく行為でもある。そのとき、それはたちまち自由を失って、限りあるもの、相対的なものに固定されてしまう。

さらに言えば、「私」がそのことばに込めた意味と、「あなた」がそのことばから受け取る意味とは、おおむね一致する（だから会話が成り立つのだ）が、ではことごとく一致するかというと、決してそんなことはない。だから誤解も生じる。しかも、言いたいことのすべてを誤りなくことばに盛ることなどできはしない。どれもこれも私たちがつね日ごろ経験することばかりだ。ことばは限界だらけである。

ことばにすることは、ものに、あるいはことがらに「名」を付けることに通じる。だから名付けられたもの、あるいはことがらは、すでに限定されたものになっている。名付けられなければ、無限に変化する自在さを保ち続けることができたのに。

「有名」であることは、この世に固定されてしまうことである。取るに足らないことであっても、固定された序列のうちに身を置くことが、この世の中で「名」を持つことにほかならない。

「無名」であれば、序列主義の社会で一喜一憂する煩わしさとは無縁でいられる。世のしがらみに囚われずにいられる。その分、もちろん世間から何の評価もあたえられない。誰にも相手にされず、無視されたまま。普通ならばとても耐えられるものではない。それは世の中から見捨てられた境涯である。と同時に、俗世の身分や地位から解き放たれ、この世を超えたところへ飛び去って逍遥する境地でもある。

地上はおぞましいほど色彩にあふれている。そこを突き抜けた彼方には、真っ暗な寂《しず》まりかえった宇宙がある。

『老子』は言う（第三十二）。

「『道』には永遠に名がない」

原文は次のように読みくだせる。

「道は常に名無し」

無名であり続ける「道」とは、既存の秩序を超えたところにある、より大きな「ある何か」なのである。

それはことばで定義することも、論理によって本質に迫ることもできない。かえって、限定されていないからこそ変現する可能性を保持している。いつまでもあり続けながら、あらゆるものを生成し造化させることができるのだ。

『老子』の作者はそれを直感している。心の奥底でそれをつかみ取っている。そこは理性の及びもつかない深みである。ことばをもってしては参入できない神秘の領域である。そこではことばは無力である。ことばによって把握し伝達する望みなど、とうに捨てたはずなのに、それでもつかみ得たものの真相を、なんとか地上のことばに盛ろうともがいている。

「知る者は言わず」と悟ったのではなかったか。にもかかわらず、ぽつりぽつりと語り出す。

「道」とは何か、ということが『老子』の文章から直線的に伝わってこない。むしろ、すんなり伝わることを拒むようですらある。

よごれたままでよかったなら、
そこは世の中の谷となるだろう。

『老子』第二十八より

『老子』は言う（第二十八）。

「まっ白なものがあることはわかっている。けれども、よごれたままでよかったなら、そこは世の中の谷となるだろう」

原文は次のように読みくだせる。

「その白を知り、その辱《じょく》を守らば、天下の谷とならん」

純白であることは美しい。そんな美しさにあこがれても、そうはなれない。もしそのままの自分でよいと言われたなら、安堵《あんど》して行くことができる。そこはすべてを受け入れる、天下の谷だという。

世間の垢《あか》にまみれてしまえば、真っ白な美しさには戻れない。雑然と色が混ざりあい、混濁していても、きっとその谷には、どんなものでも受けとめていく広さがある。深さがある。

『老子』で谷が語られるとき、それは低きにあって、しかもからっぽの状態であることを意味する。空《むな》しく虚《うつ》ろである。それが谷というものの本質だと説かれている。

『老子』は言う（第六）。

「谷神《こくしん》は死なない」

谷神とは何か。三世紀の人王弼《おうひつ》は次のように理解した。

「谷神とは何もない谷間を意味する。影も形もなく、どんなものにも従う。身を低くして動かず、静かであり続け、衰えることがない。あらゆるものを生み出し、しかもその姿を見せない。これこそ究極の存在である」

これは現在に伝わる最古の『老子』注釈の一節である。王弼は早熟の天才で、儒教の聖典である『易経』と道教の基底をなす『老子』を注釈し、二十四歳で世を去った。ともに歴史に名だたる業績である。その人が捉えた「谷」とは、万物を生み出す根源でありながら、みずからを主張することなく、姿かたちさえ定めようとしない存在であった。

『老子』には同じような役柄で「水」が登場する。次のように言う（第七十八）。

「世の中で水くらい弱いものはない。しかし、手ごわいものに挑《いど》むとき、これにかなうものはない」

それゆえに「柔《やわ》らかいものが剛《かた》いものに勝つ」と後段に語られている。古代の兵法書『三略』に「柔能《よ》く剛を制す」とあるのはここにさかのぼる。

また言う（第八）。

「もっとも優れたものとは水のようなものだ。水はあらゆる物の役に立ちながら、何物とも争うことをしない。誰もがさげすむところにいる。これこそ『道』に近いものだ」

原文は次のように読みくだせる。

「上善《じょうぜん》は水の如し。水は善《よ》く万物を利して争わず、衆人の悪《にく》む所に処《お》る、故に道に幾《ちか》し」

水もまた自己を顕示することなく、すべてを受け容れ、包み込み、生み出す。このようなものこそ『老子』において理想とされる存在であり、つまりは「道」のありように沿うものである。それでもなお、「道」とは何かということを『老子』は定義しない。「『道』には永遠に名がない」とさえ言う。ただ、それを象徴する存在として、くりかえし水や谷が語られる（第三十二）。

「この世界に『道』があるということを譬《たと》えて言うならば、小さな谷から水が流れ、やがて大河となって海へ注ぎ込むようなものだ」

水や谷は「道」の理想とするところであり、もっと言えば「道」そのものと捉えてよいかもしれない。谷には水が流れ込み、そこから水があふれ出す。それは存在するものの根源となる。しかしそれは決してそびえ立つものではない。もっとも低いところに向かう存在だという。

このような思想はどこから生まれるのか。次項で改めて考えてみたい。

それは淵のごとく
あらゆるものの根源を思わせる。

『老子』第四より

『老子』が説くのは「道」の教えである。しかし『老子』はそれをあからさまには語らない。譬えで示すだけである。次のように言う（第四）。

「道とは空《から》の容器のようである。いくら水を汲み入れても満ちることはない。それは淵のごとくあらゆるものの根源を思わせる。（中略）深く水を湛《たた》えて静まり返っており、何から生まれたのかわからないが、天帝よりも先にあるものらしい」

標題の一節、原文は「淵として万物の宗《そう》に似たり」と読みくだせる。また最後の一節は「帝の先《せん》に象《に》たり」と読みくだせる。「帝」とは天帝のことである。天と帝は本来は別のものだが、儒家の聖典でさえかならずしも区別されていない。『詩経』にも『書経』にもこのことばが出てくる。ここでも天をさすものと理解してさしつかえない。「先」は祖先を意味する。「道」は天に先がけて存在するというのである。天地万物を生み出すのが「道」であるという。

しかし、天に先行するとあえて語るのは、かえって「道」を尊ぶ思想が「天」の思想よりも後発であることを、はからずも示している。「天」の思想があるからこそ、それを凌駕すべく「道」が説かれたのである。では天とは何か。

天は万物の主宰者である。天上にあって理をただす存在である。人の姿かたちは見えてこない。非人格的な原理にほかならない。殷王朝の氏族神に代わって天の観念が形成されたと考えられている。前十一世紀のことである。特定の集団に対する限定を超えた普遍的な理が、つまり天理が、周王朝の政治支配の理念となり、以後の中国思想の中で継続していく。

「天」は高きにある。「道」は低きにある。儒教は「天」を至高のものとする。道教は「道」を至純のものとする。それは対峙《たいじ》するものである。しかしかならずしも常に敵対するわけではない。

革命以前の旧中国では社会生活の規範はあくまでも儒教の教えであった。ただ、世の中には表があれば裏もある。そうした認識にかけては、長い歴史を有する民族は徹底したものだ。社会生活の規範が儒教の教えであるとしても、それは彼らにとってあくまで表向きのこと。日々の暮らしの根っこには道教が染み込んでいる。

社会を律する厳格な規範のもとに生きつつも、表からは見えない生活の足もとで別の何かを頼みにしている。そうしたもっとも切実なところに道教はかかわってきた。社会の上層に関与する儒教とはここが本質的に違うところである。とはいえ、両者は相容れないものとして睨《にら》みあっているのではない。むしろ、どこかで繋《つな》がりあい、どこかで補いあっている。

王朝が交代する中国社会にあって、あたかもあざなえる縄のごとくに成功と失敗の人生が繰り広げられる。儒教も道教もその時々に頼りにされていく。そうした融通の利いたしたたかさが人々の心情に合うのではないか。その一方を支えているのが「道」の思想である。それは天の高みにあるものではない。低くあって何ものにも従う存在である。それでいて抗《あらが》うことのできない原理が「道」なのである。

『老子』は「道」を山あいの「谷」になぞらえた。あるいは水が流れ込む「淵」になぞらえた。あるいはまた、そこに流れ込む「水」になぞらえていた。

もっとも低きにある存在がすべての根源となる。それは謙遜や従順を強いる処世訓ではない。底の底にまで追いやられ、現実の社会で堪《こら》えに堪えながら、それでも現実を見据えている。もっとも低いところにあるからこそ、かえっていつまでもあり続けることができる。命を存《なが》らえることができる。それは存在の根源的なありようにかかわっている。

たとえ今、踏みつけられ貶《おとし》められていても、世の中はいつか変わるかもしれない。それもこれも存えてあればの話ではないか。だからこそ生を慈《いつく》しむのである。不老長生への願いがここから始まる。

中国人は来世という観念を成熟させなかった。あの世という観念も本来は持たない。彼らにとっては現世だけが存在の一切である。したがって現世の幸福が人の幸福のすべてであった。来世での救済を待ち望む宗教は中国社会にはなじまない。

儒教はもとよりのこと、外来の仏教でさえ同様である。転生への畏怖と憧憬《しょうけい》を説きながらも、いつしか精神の健康を持続させる方向へと傾斜していった。わけても道教はひたすら現世において生を慈しむことを追い求めてきた。道教実践につながる民間の気功も漢方も風水も護符も、そうした追求の中で培《つち》かわれたのである。

根源に帰る。
それが「道」の働きである。

『老子』第四十より

フランスの書店で『論語』の訳書を探しても、ついぞ見かけたことがない。かたや『老子』はペーパーバックをはじめ何種類も棚に並んでいる。北欧や東欧も含めて『老子』はたいていのヨーロッパの言語に翻訳されており、中国古典では群を抜いている。

ロシア語訳も数多い。かのトルストイの監訳もある。フランス語訳をもとにロシア語への翻案を始めたのは一八八四年のことだという。モスクワにいた日本人留学生の協力を得て訳業を終えたのは一八九三年、出版は没後の一九一三年である。

『アンナ・カレーニナ』の完成後、執筆活動の転機を経て、トルストイは民話の創作を手がけた。代表作『イワンのばかとそのふたりの兄弟』の完成は一八八五年とされる。軍人の長男と商人の次男、農民の三男イワンの物語である。ふたりの兄は名誉欲や金銭欲が仇《あだ》となって悪魔にそそのかされるが、愚直に徹したイワンには悪魔も手が出せなかった。これはもちろんキリスト教社会の話だが、トルストイが描く無垢な世界は、『老子』から多くのものを得ている。このことは中国思想の研究者がすでに明らかにしてきた（蜂屋邦夫『老荘を読む』講談社、一九八七年）。

イワンの物語だけではない。『火を粗末にすると――消せなくなる』には闘争の放棄が語られている。『ろうそく』には無抵抗の優位が、『鶏の卵ほどの穀物』には無欲の肯定が、

『三人の隠者』には朴訥《ぼくとつ》への崇敬が語られている。そこにはスラブ民族の民話や聖者伝に固有な伝統もあるに違いない。それでもなお、こうした要素を作中に盛り込むところに作者の信条があり、そこにはまた『老子』の精神が躍動しているのが感じられる。

『老子』に「国は小さく民はわずか」という文言がある。原文は「小国寡民《かみん》」である。続けて次のように言う（第八十）。

「人々は命を大切にするがゆえに遠国におもむくこともない。船や馬車があっても乗る必要がなく、武器を用いたり兵隊を動かしたりすることもない」

そこに暮らす人々は、ささやかな食卓を囲み、質素な身なりを気にせず、大きな家に住むでもなく、満ち足りた生活を営んでいる。すぐとなりの国からニワトリや犬の声が聞こえても、年老いて亡くなるまで行き来する用事もないという。トルストイの民話に出てくる村々の穏やかな雰囲気そのままである。

『老子』からの直接の引用は最晩年の『読書の輪』に豊富に見られる（以下の邦訳がある。北御門二郎訳『文読む月日』地の塩書房／武蔵野書房、一九八三／八四年）。小説『光あるうち光の中を歩め』はキリスト教迫害のさなかにあった古代ローマを舞台とするが、そこに描かれた原始キリスト教会はおよそ実像から乖離しており、トルストイ自身の理想でありながら、しかも『老子』がめざす社会の投影と言える。だが、なんと言ってもその最大の達成は『復活』であろう。この大著が、ロシア正教会から破門宣告されたトルストイ的キリスト教理解の総決算であることは言い古されているが、それはまた、長年にわたる『老子』読解の極北に位置するのではないか。

『復活』全編を通じて作者がこれでもかとばかりにあばき出したのは、帝政ロシア警察国家のおぞましい現実である。すでに引いた『老子』のことばを思い出す（第五十八）。

「おかみが目を光らせてばかりいる国では人々は慄《おのの》くしかない」

物語の冒頭に、春の訪れ、草木のよみがえりが語られ、そうした自然の律動とはあまりに対照的な、人間社会のゆがんだありようが叙述される。このような視座の基底には、トルストイがかつて記した『老子』の次の一節があるに違いない（Лев Толстой, Круг чтения, Государственное издательство художественной литературы, Москва, 1957）。

「この世のあらゆるものは成長し、花を咲かせ、その根に帰る。根に帰るのは自然にかなった状態に落ち着くことである。自然にかなうことがすなわち永遠につながる」

この一節は『読書の輪』だけでなく『人生の道』にも引かれている。これに該当するのは『老子』第十六であろう。次のように言う。

「あらゆるものが一斉に生育し、それらがみな帰っていくのを私は見つめる。盛んに繁茂し、それぞれが根に帰る。根に帰るとはすなわち静寂になることであり、それが本来の姿に帰ることを意味する。（中略）それが『道』である。だからこそ永遠に続いていくのだ」

根源に帰ることが「道」の活動のありようにほかならず、それゆえに永遠にあり続けることができるという。この命題を端的に語るのが『老子』第四十である。次のように言う。

「根源に帰る。それが『道』の働きである」

原文は「反《かえ》るは道の動《どう》」と読みくだせる。「動」は活動するさまであり、「動態」と訳すこともできる。これに続けて、「天下の万物は有より生じ、有は無より生ず」とある。世の中のあらゆるものは形あるものから生まれ、形あるものは形のないものから生まれるという。「無」から生じて「有」となった万物は、ふたたび根源の「無」に帰着する。万物の始原へ回帰することが「道」の本然であって、これこそ『老子』の思想の核心にほかならない（神塚淑子『『老子』〈道〉への回帰』岩波書店、二〇〇九年）。始原回帰への願望、むしろ幻想は、その後も中国人の宗教感情のうちに通奏低音となって絶えることなく流れ続けた。

トルストイが『復活』の最後にたどり着いたのは何だったのか。シベリア流刑の囚人たちに同行した日々の果てに、福音書《ふくいんしょ》の聖句の数々が新しい教えのごとく、主人公の胸によみがえった。そうして信仰の原点に立ち返ったとき、ふたたび生きる力が生起していく。新しい生が始まっていくのである。

三　仏教のことば

世のすみうきは
いとふたよりなり。

源信『横川法語』より

一番大切にしたい日本語の文章。――自分には『横川法語《よかわほうご》』がある。

浄土信仰の先駆者である源信が著した五百字に満たない文章だが、和文でつづられた仮《か》名《な》法語として最初期の遺産である。源信は比叡山の横川にいたのでこの名がある。主著『往《おう》生要集《じょうようしゅう》』が撰述された寛和元年（九八五）以後の成立とされる。「南無阿弥陀仏」を唱える称名念仏によって浄土に往生する功徳を説いたもので、やがてその趣旨は法然や親鸞に継承されていく。

全体は三段に分けられる。第一段は語る（冒頭の一文は省いて後述したい）。生い立ちはみじめだった。それでも畜生の身でなくてよかった。貧乏な育ちだった。だが餓鬼よりはましだ。願ってもかなわぬことばかり。とはいえ地獄の苦しさと比べては世間にすまない。堪《こら》えがたいこの世だからこそ、世をあきらめることができる。ものの数にも入らぬ身だからこそ、世のむなしさを思い知れる。せめても人の世に生まれたことが何よりではないか。

以上が第一段である。上で省いた冒頭一文を含め、原文は次のとおり（『真宗聖典』東本願寺出版部、一九七八年）。

「それ一切衆生、三悪道《さんまくどう》をのがれて人間に生まるる事、大《おお》なるよろこびなり。身はいやしくとも畜生におとらんや、家まづしくとも餓鬼にはまさるべし。心におもふことかなわずとも地獄の苦しみにはくらぶべからず。世のすみうきはいとふたよりなり。人かずならぬ身のいやしきは、菩提をねがふしるべなり。このゆえに人間に生まるる事をよろこぶべし」

冒頭に「三悪道」とある。仏教では人が死んだあと生まれ変わる先は六つあると考える。地獄・餓鬼・畜生・修羅・人・天の六つである。あわせて六道《ろくどう》と呼ぶ。地獄と餓鬼と畜生は悪しき転生先なので三悪道とした（修羅も同じだがここでは省いてある）。六道のどこに生まれ変わるかは、それまでに蓄えてきた功罪の大小によって決まる。天に生まれたとしてもそれで完了ではない。インド仏教の考え方では、もはや生まれ変わることのない完全な消滅に至ることを最終目標とする。

ユーラシアの各地に伝わった仏教は徐々に変貌をとげた。インドの西北、今のアフガニスタンやパキスタンのあたりで成立したとされる大乗仏教は、極楽浄土という別の生まれ変わり先を案出した。そこもまた一時の生まれ変わり先に過ぎないのだが、仏教が日本に伝わって時代を経るにつれ、極楽浄土に往生することが究極の目標になっていく。

身はいやしく、家は貧しく、思うことはかなわない。逆境のふきだまりだが、人間の世界だからこそ、這《は》いあがることもできる。立ちあがることもできる。それを感謝しなくては世の中の人に申し訳がない。それでもなお、浄土を希《こいねが》わずにいられないのは、この世で生きていくのが心底つらいからだ。世の住《す》み憂《う》きを思い知ったその時が、教えにすがり、救いにあずかる機縁となる。そのことが続く第二段で開示される。

信じきる心になれない。そんな身でも救い出そうという阿弥陀様の意志はあまりに強い。それだけを頼みとすれば、迷わず浄土に生まれ変われる。念仏が面倒でも、唱えてさえいれば迎えに来てくださる。阿弥陀様の断固たる決意のもとにある身がありがたい。

以上が第二段である。原文は次のとおり。

「信心あさくとも、本願ふかきがゆゑに、頼まばかならず往生す。念仏もの憂《う》けれども、唱ふればさだめて来迎《らいごう》にあづかる。功徳莫大なり。此《こ》のゆゑに本願にあふことをよろこぶべし」

信心が浅いというけれど、阿弥陀如来に自分を任せたのであれば、こちら側に浅いも深いもないはずだ。この期《ご》に及んでもなお、自力で何とかしようという気が失せないのか。みずからを頼む余裕が残っているなら、それは心底からの信心ではない。だから浅いのである。いくらふんばっても何ともならず、前にも後ろにも進みようがない。そこまで落ちた時、世界は転倒する。ことごとく任せきるのである。「頼まばかならず往生す」――これぞ浄土門の要《かなめ》ではないか。

源信はなおも私たちの心を厳しく見つめてやまない。最後の第三段は語る。

迷う以外にすべのないこの心が、心の正体である。迷う心以外の心がどこにあろう。死ぬまで迷い続ける身と観念して念仏するしかない。阿弥陀様が迎えに来て、浄土の池の蓮の台《うてな》に導かれたその時こそ、あらゆる迷いから解き放たれる。迷いの心からにじみ出る念仏こそが、泥水にも汚されない真っ白な蓮の花のように、まごうかたなき往生の根本なのである。どんな迷いも避けようとせず、信心の至らぬわが身とわきまえ、一心に阿弥陀様の名を唱え続けるがよい。

以上が第三段である。原文は次のとおり。

「又妄念はもとより凡夫の地体《じたい》なり。妄念の外《ほか》に別の心もなきなり。臨終の時までは一向に妄念の凡夫にてあるべきとこころえて念仏すれば、来迎にあづかりて蓮台にのるときこそ、妄念をひるがえしてさとりの心とはなれ。妄念のうちより申しいだしたる念仏は、濁《にごり》に染《し》まぬ蓮《はちす》のごとくにして、決定《けつじょう》往生うたがひ有るべからず。妄念をいとはずして、信心のあさきをなげきて、こころざしを深くして常に名号《みょうごう》を唱ふべし」

以上が『横川法語』全文である。最後に至って「妄念」の語が幾度も出てきた。あさましい心、みだらな心、定まりのない心の意である。妄念ばかりの心のほかに、どこにも自分の心などない。それが「凡夫の地体」だという。真宗の説教者はしばしばこれを炭団《たどん》に譬えた。炭団はいくら磨いても黒いまま。炭団のように中の中まで真っ黒なのが人の心ということか。身体の死滅と妄念の消滅は同機である。この身がなくならない限り、真っ黒なこの心がなくなることもない。

そんなわが身の情けなさ。――親鸞は『三帖和讃《さんじょうわさん》』の中で告白する（『真宗聖典』）。

「浄土真宗に帰すれども　真実の心《しん》はありがたし
虚仮《こけ》不実のこの身にて　清浄《しやうじやう》の心《しん》もさらになし」

親鸞の主著『教行信証《きょうぎょうしんしょう》』は漢文仏教経典からの引用で占められている。それは『往生要集』も変わりがない。どれにもまして和文の『三帖和讃』が、そして『横川法語』が、私たちに語りかけてくる。難解な教義さえも心にすとんと落ちてくる。

親鸞の師法然の文章も読みたい。『西方指南抄《さいほうしなんしょう》』の一節は、この『横川法語』の骨子をあまさず捉えている（『定本法然上人全集』第七巻、山喜房仏書林、一九八二年）。

「受けがたき人身《にんしん》を受けて、逢ひがたき本願に逢ひて、発《おこ》しがたき道心を発して、離れがたき輪廻の里を離れて、生れがたき浄土に往生せむ事は、悦《よろこ》びの中の悦びなり」

わが往生すなはち
仏の正覚なりと心得べし。

『安心決定鈔』より

源信の浄土信仰を継承して浄土宗という独立の一宗を立てたのは法然である。主著『選択本願念仏集《せんじゃくほんがんねんぶつしゅう》』において、その題名のごとく選択したのは、浄土聖典『無量寿経《むりょうじゅきょう》』に説かれた法蔵菩薩の本願中の第十八願であった。

『無量寿経』は語る。世自在王《せじざいおう》仏の説法を聞いたある国の王が、発心して王位を捨て、法蔵と名乗った。途方もない時間をかけて思索と修行を重ね、「真理に目覚めた者」すなわち仏陀となることをめざして四十八の大願を表明した。その第十八は以下のとおりである。「もしも私が『真理に目覚めた者』となることがかなうときに、ありとあらゆる人が心から信じて仏国土に生まれ変わりたいと願い、わずか十遍でも私のことを念じ、それでもなお仏国土に生まれることができなかったなら、私は真理に目覚めることを求めない」

原文を読みくだせば以下のとおり（原文は『大正新脩大蔵経』第一二巻、大蔵出版、一九二五年）。「設《たと》い我れ仏を得たらんに、十方衆生、至心に信楽《しんぎょう》して我が国に生まれんと欲して、乃至十念せんに、もし生まれずば、正覚《しょうがく》を取らじ」

「正覚」は真理に目覚めること。目覚めた者を古いインドのことばでブッダと呼び、これに「佛陀」の文字をあてた。今は「仏陀」と表記する。法蔵はやがて大願を成就して阿弥陀という名の仏陀となり、極楽浄土という仏国土を主宰した。そこに生まれ変わりたいと願う者は、阿弥陀仏の名を称《とな》え、心から念ずればその浄土に往生できるという。ここに衆生救済の道筋が開かれたのである。

阿弥陀仏への信仰と衆生の救済はひとつである。これを「機法一体」と呼ぶ。「機」は機会・機縁・機根の機である。ここでは阿弥陀仏の教えにすがろうとする人間の側の機根、すなわち信心を抱く者の心の持ちようを意味する。「法」は教え。ここでは阿弥陀仏が人々を救おうという大願を指している。求める行為と授ける行為がひとつになる。つまりは信仰と救済の合致合体と理解したい。

この機法一体という浄土宗の緊要の教えを最初に宣明した書物が『安心決定《あんじんけつじょう》鈔《しょう》』である。作者は知られていない。古くから真宗の聖《しょう》教《ぎょう》として扱われてきたが、現在は浄土宗の一派である西山《せいざん》派の手になるものと推定されている。法然の法統に属しており、それが真宗に流れ込んだのである。

『安心決定鈔』は次のように説く。法蔵が真理にめざめた時、すなわち仏陀となった時と、私たちが浄土に生まれ変わることがかなう時は一致する。「仏の正覚成りしとわれらが往生の成就せしとは同時なり」とある。すなわち法蔵の成仏と衆生の成仏はひとつだというのである。

さらに阿弥陀仏の名号を聞いたならば、ただちに私たちの往生が実現するものと心得よと説く。なんとなれば、法蔵が大願を発して仏陀となったその時に、衆生の救済は約束されたからである。それゆえに衆生の極楽往生がすなわち法蔵の大願成就なのだという。次のように言う（『真宗聖典』）。

「阿弥陀仏という名号を聞かば、やがてわが往生と心得、わが往生すなはち仏の正覚なりと心得べし」

法蔵の願いのあるところにわが身の救いがある。救われる自分がいるからこそ法蔵がいたのである。

「わが心《しん》をはなれて仏心もなく、仏心をはなれてわが心もなきものなり」

時系列をまったく逸脱してはばからない。驚くべき信念の表明と言わねばならない。

この福音を得た親鸞はさらに一歩を進めた。次の文が『末灯鈔《まっとうしょう》』に見える（『真宗聖典』）。

「信心のさだまるとき往生またさだまるなり」

今この時の「信」の最重視へと転換させたのである。かくして『安心決定鈔』は真宗に接続した。やがては一遍の時宗をも準備することになる。

さらに後世、この書物を絶讃してやまぬ人々が現れた。室町時代の蓮如《れんにょ》、近代の柳《やなぎ》宗悦《むねよし》がその双璧である。

蓮如はこれを四十年以上も読み続けたと弟子に語った。『蓮如上人御一代記聞書』に、「四十余年が間御覧候へども御覧じあかぬと仰られ候」とある（『真宗聖典』）。本書を三たび読み破り、書写して門弟に賦与すること七たびに及んだという。

真宗の安心《あんじん》の教義を確立し、他力信仰を宣揚するうえで、蓮如は本書の説くところを重用した。「当流の義は安心決定鈔の義くれぐれ肝要と仰られ候」とある。その文言は宣教の書『御文《おふみ》』において多用されている。

柳宗悦は『安心決定鈔』について、深甚《しんじん》な宗教的体験を経た人でなければ著し得ない書物と評し、浄土門の宗教書として第一列に置くべきものと讃えた（『南無阿彌陀佛』柳宗悦全集第一九巻所収、筑摩書房、一九八二年）。

このことは宗悦が生涯をかけた民藝美の探求と不即不離に結びついている。そこでは「他力美」ということばが用いられる。名工ならぬ凡庸の工人は器物の造作にあたり、己《おのれ》に任せることなく、日々のくりかえしのままに「迷いもなく狙いもなく」作業に従事する。そのようにして事もなげにできあがった作物に、名工の及びもつかない健康な美しさが「他力的に」現れるという（『美の法門』全集第一八巻所収）。

ものを作るのは人の手には違いないが、手が作るというにとどまらず、むしろそうしたありきあたりな分別の埒外《らちがい》で、個を超えた、より大きな何ものかの力がそこに働く。造物主の摂理がそれをなさしめる、と解すればよいのか。

念仏往生もこれと異ならない。そのことを宗悦は主張する。自我が消え去り、自己が捨てられた、その時、往生が決定《けつじょう》し、成仏が実現する。同じその時、「美の法門」が開かれ、「他力美」が現前するという。

最下処に降りきって最高処に昇りきる。そこがまさしく信仰と美の最奥ではないか。

みな、いしかわらつぶての
ごとくなるわれらなり。

親鸞『唯信鈔文意』より

「あこぎなまねをする」と言う。語源は「阿漕《あこぎ》」である。
伊勢の阿漕が浦は神宮に供える魚をとるための御料地であった。そこでたびたび密漁をおこなう者がいた。平安時代の『古今和歌六帖』にそれにちなんだ歌があるから、歴史はなかなかに古い。この伝承をもとにしたのが謡曲『阿漕』である。禁漁を犯して処刑された男の怨霊の物語である。

ところは阿漕が浦、秋風の吹くころ、参宮をこころざす旅人の前に漁師が現れた。濡れた衣を乾かす手を止め、渡世の憂いを語り出す。

「こんな世の中に生きていくのは自分ひとりに限ったことではないが、せめても人並みに暮らせる農夫になれればまだしも、なさけなくも殺生をなりわいとする家に育ち、明けても暮れても生き物の命を奪って稼ぐしかない、そんな身のふがいなさを嘆くばかりだ」

原文は次のとおり（伊藤正義校注『謡曲集』上、新潮社、一九八三年）。

「それ世を渡る慣《な》らひ　われ一人《イチニン》に限らねども　せめては職《ショク》を営《イトナ》む田夫《デンプ》ともならず　かくあさましき殺生《セッショオ》の家に生《ン》まれ　明《ア》け暮れ物の命《イノチ》を殺すことの悲しさよ」

どれほどつらかろうが世を渡っていくためだ。今日も仕事に出かけるしかないという。
ついで漁師は阿漕が浦の古い歌を引き、禁漁の由来を語り、おのが処刑の顚末をあかして姿を消す。旅人は浜辺にたたずんだまま、男の菩提を弔うことにした。

夜が更けてから、漁師の亡霊がふたたび現れ、満ち潮の海に向かって網を引き始めた。「こりもせで、なほ執心の」尽きるようすもない。波がたちまち猛火となって男を襲う。網にからまる魚類は毒蛇となって男を苦しめ、地獄の氷と炎がこもごもその身を責めさいなむ。「阿漕が浦の　罪科《ツミトガ》を　助け給へや旅人よ　助け給へや」と叫ぶ声もたえだえに、波の底へと消えていった。

この曲の作者は知られていない。永正十三年（一五一六）以前の成立とされる『自家伝抄』には世阿弥作として「安古喜《あこぎ》」の名で出る。しかし能楽の作法など、世阿弥のそれとまったく異なることが指摘されている。上演の記録は『言継卿記《ときつぐきょうき》』に見える享禄五年（一五三二）の記事がもっとも古いという。

『阿漕』とならんで卑賤の者を主人公とするのが謡曲『善知鳥《うとう》』である。その者は親鳥をあざむいて雛鳥《ひなどり》を捕らえてきた。そんな無慈悲な殺生を犯し続けた罪業で地獄に堕ちた人の物語である（詳しくは拙著をご覧いただければ幸いである。『哀話の系譜 うとうやすかた』法藏館、二〇二三年）。

『阿漕』の漁師はあさましい生業《なりわい》の家に生まれた身の不遇をかこち、『善知鳥』の猟師は明け暮れむごい稼業を営むしかなかった情けなさを嘆く始末であった。今さら返らぬその身の恨みは、古くは今様にも詠われている（植木朝子編訳『梁塵秘抄』筑摩書房、二〇一四年）。

「はかなきこの世を過ぐすとて　海山稼《かせ》ぐとせしほどに
万《よろず》の仏に疎《うと》まれて　後生《ごしょう》わが身をいかにせん」

海山で稼ぐ者に救いはないのか。彼らは世間からどのように見られてきたのか。

この者たちを親鸞は「屠沽《とこ》の下類」と呼んだ。『唯信鈔文意《ゆいしんしょうもんい》』にいわく、屠は「よろづのいきたるものをころしほふるもの」をいう。鳥獣魚類を屠殺する者である。それは「れうし」すなわち猟師であり漁師である。沽は「よろづのものをうりかうもの」のこと。それは「あき人」すなわち商人である。狩猟・漁業・商業の従事者はいずれも「下類」と見なされた（『真宗聖典』）。

しかしまた次のようにも言う。

「れうしあき人、さまざまのものは、みな、いしかわらつぶてのごとくなるわれらなり」

猟師も漁師も商人も、石ころや瓦礫のような私たちそのものだという。彼らだけが下類なのではない。誰もひとしなみに下類である。ここには「屠沽の下類」が「具縛《ぐばく》の凡愚」とならべてある。それは「よろずの煩悩にしばられたるわれら」にほかならない。ならば下類のわれらは、親鸞の奉ずる阿弥陀の救いにあずかれないのか。親鸞を宗祖とする真宗の救済対象とはならないのか。

阿弥陀如来はあらゆる人を救おうと誓いを立てた。これは真宗の根本聖典『無量寿経』に説かれている。阿弥陀のこの誓いを心から信じるならば、そのとき誰もが「摂取《せっしゅ》のひかりのなかにおさめとられ」るという。如来の放つ光に包み込まれるのである。猟師も漁師も、石ころ同然のわれらもことごとく包摂される。こうした思いは『歎異抄《たんにしょう》』にも書きとめられた。そこには、海川に網を引き、魚を釣って生活する者も、野山で狩りし、鳥を捕って命をつなぐ者も、商売し、田畑を耕して暮らす者も変わりないとある。すべては因果の報いなのだから、どうあがいても仕方ない。ただひたすら阿弥陀如来の誓いを頼みにせよという。

『唯信鈔文意』は親鸞自筆本が伝わる。そこには康元二年（一二五七）の年記がある。宗祖みずからその教えを説き続けたとしても、その範囲は限られていたろう。『歎異抄』は弟子の唯円が著したものだが、「外見あるべからず」と銘記され、長らく世に知られずにいた。本願寺は参詣する人もまばらな時代が続いた。真宗の教えが広まったのは宗祖から二百年ののちのことである。第八世の蓮如の尽力で門徒の数はふくれあがっていく。

蓮如筆『御文』第一帖に「当流の安心《あんじん》のおもむき」が語られる。真宗の信心において大事なのは何か。

断じて自分の心が悪いのだと決めつけたり、迷いや執着を起こさぬようにせよというのではない。商売も奉公もするがよい。狩りも漁《すなど》りもするがよい。罪業を重ねるだけの生活に心をくだいていくしかない、そんな取るに足らぬ私たちでも助けてくださると、そう誓った阿弥陀様の悲願を心から信じればよいのだ。阿弥陀様に助けていただいた、その恩返しのつもりで命のあるかぎり念仏するがよい。これこそが「安心決定《けつじょう》したる信心」だという（『真宗聖典』）。

この文は『御文』の中でも卓絶している。どんな職業に携わる者であってもかまわない。「猟すなどりをもせよ」という。阿弥陀如来の救いに外れる者など、どこにもいない。そのことが高らかに宣言されたのである。文明三年（一四七二）の年記がある。

世は下類のわれらの救いのありかを求めていた。やがてその先には、摂取不捨の利益《りやく》にあずかる数知れぬ人々の姿が立ち現れてくる。

明日、佐渡の国へまかるなり。

日蓮『土籠御書』より

本を買わずに図書館で読み散らし、ノートも取らず過ごしてきた報いである。誰の何という本に出ていたのか、今となっては確かめようもないことばかり。

豊穣な文学伝統を持つ国でありながら、ひねこびた年寄りの繰り言ばかりが古典として重きをなしている。それを嘆じた文章があった（これは『徒然草』を揶揄していたと記憶する）。世の中を変革しようとする覇気、日の当たらない片隅へのまなざし、そんな活力にあふれ、温顔をたたえた書物が山のようにあるではないか。鎌倉新仏教の祖師たちの遺産こそ宗派分派の別にとらわれず読み継がれるべきもの。――そんな期待が述べてあった。どんな書名が出ていたか忘れてしまったが、第一にあがるとすれば、日蓮の著述であろう。『開目抄』や『観心本尊抄』はもとより、数多くの書簡にその人の雄々しさと優しさがあふれている。

文永八年（一二七一）の書簡『佐渡御《ご》勘気《かんき》抄』にみずからの出自をあかして言う（『昭和定本日蓮聖人遺文』第一巻、総本山身延久遠寺、一九五二年）。

「日蓮は日本国東夷《とうい》東条安房《あわ》の国、海辺の旃陀羅《せんだら》が子なり」

貞応元年（一二二二）に安房小湊《こみなと》の漁師の家に生まれた。外房《そとぼう》の海辺の町である。「東夷」は東の蛮人。「旃陀羅」は古いインドのことばで、最下層の不可触民をいう。つまり賤民である。それを堂々と言い放ったのだ。これが日蓮の矜持であった。

十二の歳に故郷を見おろす山上の天台宗清澄寺にあずけられ、そこで得度したのち鎌倉に出て、ついで比叡山に上った。三十二歳で清澄寺に戻り、『法華経』への帰依を宣言した。故郷を去って鎌倉で布教を開始したが、他宗を過激なまでに批判して迫害弾圧を招き、佐渡へ流罪となる。すでに五十歳になっていた。その直前に記した『土籠《つちろう》御書』に言う。

「日蓮は明日、佐渡の国へまかるなり」

この書簡は、自分に連座して捕らえられ、土牢に押し込められた弟子に宛てたものである。明日にも流刑となるわが身だが、それでも牢内で凍《こご》える弟子たちを案じてやまない。

「今夜のさむきに付けても、ろうのうちのありさま思いやられて、いたはしくこそ候へ」

日蓮は続けて言う。いつか牢を出られる日が訪れたなら、すぐにも自分のもとへ来るがよい。そこで再会しようと。「籠をばし出でさせ給い候はば、とくとくきたり給へ、見たてまつり見えたてまつらん」――そのように記して弟子たちを励ます師であった。

ほどなく日蓮は相模から越後へ護送され、冬の日本海を渡って佐渡の配所に監禁された。流罪赦免後に記した『種種御振舞御書《しゅじゅおんふるまいごしょ》』にその惨憺たるありさまを回顧する。配所の塚原は、名のとおり死体を遺棄する墓地である。あばら屋が一棟、壁は崩れ、床板がはがれている。日も射さず、雪が降り積もればいつまでも消えない。そこで夜を明かし日を暮らしたのである。

これも後年の書簡『千日尼御前御返事《せんにちあまごぜん》』に記すところでは、地頭連中が昼夜立ち番をして、自分を見舞おうとする人々を妨害したという。

流人の日蓮を慕い、その教えに帰依する人々が続々と現れた。千日尼もそのひとりである。夫の阿仏房《あぶつぼう》に櫃《ひつ》を背負わせ、夜中に食物を運んでくれた。その温情は忘れられない。日蓮の母が佐渡に生まれ変わった思いだったという。「阿仏房にひつをしおわせ夜中に度度《たびたび》御わたりある事いつの世にかわすらむ、只《ただ》悲母の佐渡の国に生まれかわりて有るか」と記した。

佐渡に流されて二年三か月、日蓮は赦されて鎌倉へ戻った。そこから故郷へは向かわず、甲斐の豪族波木井《はぎり》氏の外護《げご》を頼って身延《みのぶ》に隠棲する。御歳《おんとし》九十の阿仏房が佐渡から訪ねてきた。持参した妻の手紙には、女人成仏を説く『法華経』をひたすら頼みにしていると書いてあった。この書簡はそれに応えたものである。日蓮は記す。かつて自分はこの国のすべての女性を助けるのだと誓った。その思いは今も変わらない。「日本国の一切の女人を扶《たす》けんと願せる志はすてがたかるべし」という。それから佐渡流罪中の恩義の数々を追憶したのである。

日蓮も老いた。凍てつく身延山中の暮らしは、ことのほかこたえたようだ。六十の歳につづった書簡『上野殿母尼御前御返事』には、ここ数日来の大雪で寒気が身を責め、体の冷えることは氷のようだとある。

上野殿というのは伊豆国南条郷を本領とする南条時光のことで、のちに上野郷の地頭となり上野殿と呼ばれた。その母の尼御前が米と酒と「かつこう」という薬草を送ってくれた。書簡はその礼状である。いただいた酒を温め、かつこうを食《は》めば、湯にひたる心地がする。そんなありがたさをかみしめている。

その前年、時光の弟七郎五郎が急逝した。わずか十六だった。三か月前にも会ったばかりである。母の嘆きはいかばかりか。日蓮はたびたび筆を取り、みずからの病を押して尼御前を見舞った。

同じ六十の歳の書簡『上野尼御前御返事』は記す。亡き七郎五郎殿は心根すぐれ、みめかたちよく、親に孝順、誰からも賞められる立派な男子《をのこ》であった。自分が死んだら、この人に担《にな》われて野辺へ送られたいと思っていた。母を残して先立たれてしまわれた。いかにいかに、これは夢まぼろしか、夢なら覚めてくれと思っても覚めることなく、その歳も暮れてしまったという。「いやなくさきにたちぬれば、いかんにやいかんにや、ゆめかまぼろしか、さめなんさめなんとをもへどもさめずして、としも又かへりぬ」とある。

　さらに記す。自分もそう長くはない。あの世で七郎五郎殿に行き逢うこと必定である。母より先に見参できたなら、母の嘆きを申し伝えようという。「これもよもひさしくもこのよに候はじ。一定《いちじょう》五郎殿にいきあいぬとをぼへ候。母よりさきにけさんし候わば母のなげき申しつたへん候はん」とある。

　また記す。日月が地に落ちることがあろうとも、潮の満ち干がやむ世になろうとも、夏に花が実を結ばぬことがあろうとも、「南無妙法蓮華経」と唱える女人が、思う子に会えぬことなどない。『法華経』にそう説かれているではないか。心確かに信心に励まれよ、つとめて励まれよ。――いくたびもいくたびも語りかけ、尼御前をいたわる日蓮であった。原文に言う。

「日月は地に堕ち給うとも、しをはみちひぬ世はありとも、花はなつにならずとも、南無妙法蓮華経と申す女人のをもう子にあわずという事はなしととかれて候ぞ。いそぎいそぎつとめさせ給へ、つとめさせ給へ」

　日蓮はこの書簡を送った翌年、弘安五年（一二八二）に六十一歳で世を去った。

我もしらず
人もわきまへがたきか。

日蓮『妙密上人御消息』より

建治二年（一二七六）、五十五歳の日蓮が鎌倉桑谷《くわがやつ》の門人に宛てた書簡がある。『妙密上人御消息』と呼ばれる。

日蓮は断言する。自分はいかなる宗派の教祖でもなく、門流でもない。戒律を守ってもおらず破ってもいない。そもそも守るべき戒律など持たない修行者である。智慧のあるなしにも無関係な、牛羊のような存在である。それがどこからどう言い始めたか、『法華経』宣教の使命を託された上行《じょうぎょう》菩薩が世に現れるのに先んじ、まるでうわごとのように「南無妙法蓮華経」と唱え出した。それがいったい良いことなのか悪いことなのか、自分でもわからない。もとより他人が推しはかることなどできないのだと。

最後のくだり、原文は以下のとおりである（『昭和定本日蓮聖人遺文』）。

「所詮よき事にや候らん、又悪き事にや侍るらん、我もしらず人もわきまへがたきか」

この書簡がいつ書かれ、誰に宛てられたか、またその相手はどんな人か。こうしたことも知りたいと思うが、それがわからなくとも、また注釈や解説が備わっていなくとも、この文章はそのままで響いてくる。

これを読むと、『歎異抄』の一節を思い出す。親鸞が居ならぶ門徒を前に語ったことばである。いわく、念仏が本当に浄土に生まれ変わるもととなるのか、はたまた地獄に堕ちるおこないなのか、まったく心得ていない。たとえ法然上人にたぶらかされて、念仏を唱えて地獄に堕ちたとしても、いささかも後悔することはないという。

原文は以下のとおりである（『真宗聖典』）。

「念仏はまことに浄土にむまるゝたねにてやはんべるらん、また地獄におつべき業にてやはんべるらん、総じてもて存知せざるなり。たとひ法然聖人にすかされ参らせて、念仏して地獄におちたりとも、さらに後悔すべからず候ふ」

これはどんな状況において語られたのか。

おそらく日蓮の活動と無関係ではない。

建長五年（一二五三）に日蓮は、十余年に及んだ比叡山等での研鑽を終え、故郷の安房清澄寺に帰還した。四月二十八日の早朝、日輪に向かい「南無妙法蓮華経」の題目を高らかに唱え、『法華経』の行者として歩むことを誓ったという。三十二歳であった。

清澄寺の境内から東南へ降る道がある。その先にせり出した一角に立つと、眼下に雲海のごとく山並みが広がり、はるかな先に太平洋が望まれる。ここが日蓮開教の場所かと思わせるほど雄大無比な景観である。

師の道善房はその日の午後、弟子のために初めての法座を設けた。その席上で日蓮は驚くべき発言をした。念仏を人に勧めるのは正しい教えを誹謗するにほかならず、その罪で師も弟子ももろともに無間地獄に堕ちる。そう語ったのである（このことは後年『唱法華題目抄』に記している）。一座騒然となった。列席の念仏行者は激怒して日蓮を害そうとしたが、師の機転で寺を脱出し、鎌倉に逃れることができたという。

こうした言動がその時代にどこまで拡散したのかはわからない。東国の念仏者にどれほどの衝撃をもたらしたのか。すでに親鸞は長らく暮らした常陸の国を去って、京都に隠棲していた。東国の門徒の間で念仏信仰への疑念がくすぶっているとの噂を耳にする。親鸞は息子善鸞《ぜんらん》を下向させた。ところがこれが事態を一層紛糾させてしまう。あろうことか善鸞は父子相伝の秘義が別にあると言い出した。親鸞は人々の動揺を鎮めるため、息子を義絶せざるを得なくなる。門徒らは念仏の真意を問いただすべく、「十余ヵ国の境を越えて身命をかへりみず」上洛してきた。彼らを前にして親鸞が語ったことばをのちに弟子の唯円が書きとめた。それがあの『歎異抄』の一節であるという。唯円がこのときの一行のひとりであったとも考えられている。

親鸞の発言の背景にはこのような事情があった。そこから「たとひ法然聖人にすかされ参らせて」との覚悟の一念が噴出したのである。そして突き放すように「総じてもて存知せざるなり」と語った。文脈はまったく異なるものの、日蓮も「我もしらず人もわきまへがたきか」と記した。

大乗仏典『大般涅槃経《だいはつねはんぎょう》』に「法《おしえ》に依りて人に依らず」という章句がある（原文は『大正新脩大蔵経』第一二巻）。日蓮はこれに従い、あらゆる経典に勝って『法華経』が真実の教えを説いていると悟った（このことも『唱法華題目抄』に記してある）。かくして『法華経』に対する絶大な信奉が生まれたのである。

かたや親鸞の念仏帰依の根本には、師法然へのひたむきな恭順があった。

いずれの場合も、その是非は問題ではない。誰に理解されずともよい。このひとすじにつながる。そのことが何より貴《たっと》い。

なみだ二のそでをしぼるといへども、
心は九品の土にまうづるがごとし。

『當麻曼陀羅縁起』より

當麻寺《たいまでら》は奈良盆地の西にそびえる二上山《にじょうさん》のふもとにある。その先は河内国である。大和国と河内国を結ぶ上代の丹比道《たじひみち》（竹内街道）の要衝《ようしょう》に位置した。奈良盆地からすれば西のはずれにあたる。東の三輪山が日の昇る山ならば、西の二上山は日の沈む山である。西は極楽浄土の方角。この寺は古来、極楽浄土にもっとも近いところとして知られた。

當麻寺の創建は七世紀にさかのぼる。寺には金堂と本堂があり、古い塔が二基残っている。金堂の本尊は弥勒如来像、本堂の本尊は阿弥陀如来の織仏《おりぼとけ》である。當麻曼陀羅《まんだら》と呼ばれる（曼荼羅は真言宗。浄土門は阿弥陀に従う）。縦横四メートルほどの画面に阿弥陀如来の在《いま》す極楽浄土のようすが描かれている。絹の縒糸《よりいと》でこしらえた綴織《つづれおり》で、一センチメートル四方に縦糸が二十本、横糸が五十数本あるという。それほどの密度でここまで大きな一枚の織仏というのはほかにない。ただ、糸が残るのはわずかで、中央の阿弥陀如来の姿がかろうじて認められるだけとなった。保存がよくないため現在は公開されていない。

この曼陀羅のことを文字に記したのは『建久御巡礼記《けんきゅうごじゅんれいき》』がもっとも古い。後記に「皇后の位」にあった人が出家して、建久二年（一一九一）に南都の社寺を巡拝したとある。このやんごとない女性が誰であったかはわかっていない。鳥羽天皇の皇女八条院だともいう。

當麻の織仏を拝見したく詣でたものの、とうに日は暮れていた。「秉燭《ヘイショク》ノ時ニ、當麻寺ニツカセオハシマス」とある。秉燭はともしびを掲げる意である。すでに灯《ひ》ともしごろだった。続いて寺の縁起と曼陀羅の由来が記される（『校刊美術史料寺院篇』上巻、中央公論美術出版、一九七二年）。

都が平城にあったころのこと、「ヨコハギノ大納言」に娘がおり、「朝夕《アケクレ》極楽ヲ願《ネガヒテ》」いたという。娘のもとに化人《けにん》が現れ、一夜のうちに曼陀羅を織りあげて姿を消した。娘は一生のあいだそこに織り込まれた仏を見たてまつり、ついに極楽往生を遂げたと記されている。

これがのちに大きな物語に成長していく中将《ちゅうじょうひめ》姫説話の古い形である。まだ姫の名はない。物語は固有名詞を加え、徐々に筋立てを整えていく。鎌倉時代に作られた絵巻『當麻曼陀羅縁起』では、淳仁天皇の時代、八世紀なかごろのこととしてある。

横佩大臣《よこはぎのおとど》には深窓のうちに育てた姫がいた。姫は過ぎゆく世のことどもに惹かれることなく、仏の教えに心をひそめた。やがて姫は出家する。一心に阿弥陀仏を念じていると、ひとりの尼が現れ、蓮の茎《くき》を集めよと促す。尼は茎から糸を取り、五色に染めあげた。そこへ天人の姿の女性がふたり来て、茎の糸で曼陀羅を織りあげ、その図様《ずよう》を解き明かした。姫は涙で両袖を濡らし、心はあたかも極楽浄土に詣でるようであったという。

末尾の一節、原文は次のとおりである（『日本絵巻大成』第二四巻所収、中央公論社、一九七九年）。

「なみだ二のそでをしぼるといへども、心は九品の土にまうづるがごとし」

ふたりは阿弥陀と観音の化身であり、西の彼方へ去った。姫はそののち、天人に迎えられて浄土に往生したという。

同じ話は『古今著聞集』にも収められているが、鎌倉時代にはこれ以上に物語は展開しなかった。室町時代中期に浄土宗第八祖の酉誉《ゆうよ》聖聡《しょうそう》が『當麻曼陀羅疏《しょ》』を著した。四十八巻の大部な書物で、これによって當麻曼陀羅は世に広まった。聖聡は芝の増上寺の開山である。曼陀羅の内容も中将姫の物語も、ともに説経《せっきょう》の場で語られるようになった。

聖聡は當麻寺の縁起を叙したのち、浄土宗の聖典『観無量《かんむ》寿経《りょうじゅきょう》』をもとに曼陀羅の図解を試み、ついで「今正《まさ》しく曼陀羅縁起を挙《あ》ぐべし」と語って中将姫の物語を説き始める。おそらく縁起絵巻のたぐいを示しながら、日をついで講説されたのではないか。その中で中将姫の物語も拡大していった。次のごとくである。

横佩右大臣豊成《とよなり》は長いあいだ子宝に恵まれなかった。夫婦で長谷寺に参籠したかいあって姫を授かり、三年後には男子も生まれた。ところが姫が七歳のときに母が亡くなる。継母は子どもたちを疎《うと》んじて葛城山の地獄谷に棄てさせる。しかし神仏の加護で命をとりとめた。帝《みかど》は姫を中将内侍《ないじ》に、弟を少将に召し出した。

姫が戻ってこられたのは、生かしたまま棄てたからである。反省した継母は、部下に紀州在田《ありだ》の鶬山《ひばりやま》で姫を殺害するよう命じた。山奥に至り、部下が刀を抜いたその時、姫は西に向かって手を合わせた。父母のためにと一心に念仏を唱えるその姿にうたれ、部下は刀を捨てて泣き崩れた。姫を不憫に思うあまり、ひそかに姫をかくまって育てたのである。しかしその部下もやがて死んでしまう。

姫はのちに父と再会を果たしたものの、弟の急逝にあっていよいよ世の無常を悟り、大和の西のはずれ、二上山のふもとの寺に隠棲する。はるかな浄土を夢見る姫のもとに天人が現れ、曼陀羅を織りなした。そして命の尽きる際《きわ》に、阿弥陀仏に迎えられ、ようやく安らかな居場所を得ることがかなった。

以上がそのあらましである。

この世に身の置きどころのない哀れな女人の物語である。あの世にしか自分のいる場所を持つことができない。そうした切ない生涯が語り出され、語り継がれてきたのである。

いったいどんな人々がそれを語り継いだのか。

親を失い、親に捨てられ、世間からも捨てられて、住む土地も定められない。そうした離散流浪の民が数限りなくいたのだろう。諸国をめぐり歩いた芸能者も少なくなかったろう。琵琶法師も瞽女《ごぜ》もそうだった。そして彼らが語り伝えた物語に、胸をつまらせ、慰めを求めた人々もまた数限りなくいたに違いない。

いったい信仰を集め続けるというのは並大抵のことではない。かつて都に甍《いらか》をつらね、壮大な伽藍を誇った古代の寺院はやがて見る影もなくなっていく。時代が変わり、それを支えてきた階層が没落していけば、それは当然のなりゆきだった。

咲く花の匂うがごとき奈良の都で、信仰の命脈を保ち続けたところはわずかしかない。興福寺の南円堂はそのひとつである。ここは観音巡礼の札所になっていく。元興寺の極楽坊も中世以降に庶民の信仰を集めた。市中ならば東大寺二月堂、域外ならば豊山長谷寺がそうである。

當麻寺はどうだったか。そこには中将姫の物語があった。それは物語に過ぎない。だがあえて言うならば史実を問う要はない。そこにはひとりの女性の実在を人々に約束する浄土曼陀羅がある。そのふたつがあったればこそ、當麻寺は信仰の寺であり続けたのだ。

ここ當麻の里で生まれた源信は『横川法語』に語った。

「心におもふことかなわずとも地獄の苦しみにはくらぶべからず」

思うことがかなわないのは世のつねではないか。せめても夢を物語にして紡《つむ》がずにはいられない。それはフィクションにまみれている。けれどもそれにしがみつかずには生きていけない。物語が必要になるその時、事実など取るに足らないものになる。現実を乗り越えるほどに物語が大きな意味を持ってくる。

極楽浄土の夢を紡いだ中将姫の物語を人々は信じた。信じることにわが身をつないできたのである。

業にひかるゝ魂魄を
導きたまへ地蔵尊

『延命地蔵和讃』より

毎年お盆の季節になると、家々の軒下に提灯《ちょうちん》をかかげ、門口で迎え火を焚く。夕方になると萩の花をたずさえ、家族そろって墓地へ行く。スカンポの筒に入れたロウソクに火をともし、御先祖様を迎えて家に戻る。こうした行事は土地ごとにさまざまでも、毎年欠かさずおこなわれている。

私たちは何の根拠もなく、ただ漠然とではあるが、あの世というのがどこかにあって、先に逝ってしまった人たちが待っていてくれる、などと思ったりする。それならば、魂の存続を信じているのかと聞かれたら、そうすんなりとはうなづけなくなってしまう。

こんな会話はどうだろう。

「立派なお墓ができてよかったね」

「死んだお母ちゃん、きっと喜んでるよ」

これは少しも違和感がない。そんなことを私たちも口にするときがある。霊魂が実在するとかしないとかの理屈ではない。

日本人は無宗教だと言われる。それなのに私たちは普段でも「ついている」とか「縁起でもない」などと語る。魂の実在をすぐには肯定できないのに、心のどこかで目に見えず理屈で割り切れない何ものかを、期待もしているし遠ざけようともしている。それが現実に機能して、何らかの意味を日常生活にもたらしてさえいる。

どれほど世の中が変わっても「あの世」に対する思いを捨てきれない。あの世で待っていてくれる人がいる。いつか自分もあの世へ行ったらまた会える。そうとでも思わなければ生きていくのがつらくなる。

そんな思いを支えているものがいくつかある。お盆もそのひとつだろう。こうした、懐かしい、ゆかしい、仏教の行事というのは、本来の仏教とは縁もゆかりもない仏教風の風習であって、仏教そのものに由来するわけではない。だが仏教そのものであるかないか、仏教の教えに即しているかどうかは、さほど大きな問題ではない。仏教だと信じておこなわれている、そのことに意味があるのではないか。

お盆の呼び名もさまざまであり、西日本では地蔵盆と呼ぶところがある。お地蔵様の縁日につなげて、子どもたちの祭の日になっている。

地蔵はインドのことばでクシティガルバという。クシティは「大地」、ガルバは「宿す」という意味である。「大地を宿す」が名前のもと。その地蔵が大いに信仰されたのはインドではなく中国である。日本に仏教が伝わるころが最盛期だった。

仏の教えがすたれる時代が来るという。末法と呼ぶ。日本では宇治の平等院が建てられた永承七年、西暦一〇五二年が末法の始まりとされる。中国では五百年早い。したがって六世紀が危機の時代であった。

釈迦が亡くなったのは遠い昔のことである。いつか弥勒が現れるというが、それは途方もなく先のことだという。谷間の時代に生きているという不安は、中国の仏教信者のあいだには古くからあった。末法時代が到来すればなおのことである。今この時に頼みとする存在として、人々の目が地蔵に注がれた。六世紀に成立した三階教《さんがいきょう》では地蔵が大いに信仰された。三階教に代わって浄土教が台頭すると、地蔵信仰もその中に取りいれられたのである。

阿弥陀如来は臨終の魂を迎えに来る。観音菩薩は苦しんでいる人を救済する。だが地獄に堕ちた者までは助けてくれない。「地獄」の語はインドのことば「ナラカ」の意訳だが、そのまま音を写して「奈落迦《ならか》」、略して「奈落《ならく》」ともいう。奈落の底まで来てくれるのは地蔵しかいない。大地を宿す地蔵だけができることである。

朝鮮半島でも地蔵はさかんに信仰された。それにもまして信仰を集めたのは日本においてだった。

『延命地蔵和讃』は詠う（『仏教和讃御詠歌全集』下、国書刊行会、一九八五年）。

「況《いわん》や地獄の有様《ありさま》は　心も言葉《ことば》も及ばれず
無間焦熱大叫喚《むけんしょうねつだいきょうかん》　名を聞くだにも恐れあり
正《まさ》しく魂独《ひと》りゆき　焔に入《い》らん悲しさよ
娑婆《しゃば》にて慈悲の名号《みょうごう》を　一度《ひとたび》唱ふる功力《くりき》にて
業《ごう》にひかるゝ魂魄を　導きたまへ地蔵尊」

かくして墓地の入口に六地蔵が立てられた。地獄に限らない。亡くなった人が六道のどこに生まれ変わっても来てくれる。賽《さい》の河原で幼な子をかばう。道行く人を見守る。いずれも仏教の正統とされる教義にはない、庶民の願いに応えてきたのである。

地蔵信仰はユーラシアの長い伝統からはみ出てしまった。それだからこそ他国と異なる風土に根づき、私たちの生活に溶け込んだのではないか。

奈良市内の滝坂《たきさかのみち》道は高畑《たかばたけ》から柳生《やぎゅう》へ抜ける古い街道である。木々に覆われた岩壁の至るところに地蔵菩薩の像が刻まれている。壮麗な大寺院にあるのではない。風化しながらも路傍にたたずんでいる。そのことが情のかよった仏教がどこにあるのかを教えてくれそうだ。

地蔵菩薩、奈良市高畑町滝坂道（筆者撮影）

西の河原の物がたり
聞くにつけても哀れなり

『西院河原地蔵和讃』より

「これは此世《この》の事ならず　死出の山路《やまじ》の裾野なる
西《さい》の河原の物がたり　聞くにつけても哀れなり
二つや三つや四つ五つ　十《とお》にもたらぬ嬰児《みどりご》が
西の河原に集まりて　父こひしはゝこひし」
『西院河原《さいのかわら》地蔵和讃』の一節である（『仏教和讃御詠歌全集』）。
年端《としは》も行かず死んだ子は賽の河原に送られて、お父さんお母さんと呼ぶばかり。
「河原の石を取り集め　是《これ》にて廻向《えこう》の塔を組む
一重組んでは父のため　二重組んでは母のため」
ふた親の利益《りやく》のためにと子はけなげにも石を積む。そこへ地獄の鬼が現れ、積みあげた塔をこわしてしまう。子どもらは泣きじゃくりながら、お地蔵様のふところで寝入ってしまう。そんな切ないばかりの歌である。
地蔵和讃のもとは空也上人が作ったという。語り継がれ歌い継がれていくうちに、長短とりまぜ文句もさまざまになった。親の恨み節が加わったものもある。そのひとつ『西の河原地蔵和讃』は詠う。
「今日は七日《なぬか》や二七日《にしちにち》　四十九日や百ヶ日

追善供養の其の暇《ひま》に　残りし着物見ては泣き
手遊《てあそび》見ては思ひ出し　健全《たつしや》な子供を見るにつけ
なぜに我が子は死んだかと　歎き悲しむ哀れさよ」

これはやや長いものであり、節をまわして詠えばかなりの時間がかかる。涙をしぼらせるまでやまない。延々と文句を連ね、というここが大事ではないか。理屈ではない。情に迫る。それこそが仏教の持ち味だと思う。今ではそんな湿っぽいことはお坊さんはあまりしなくなった。

江戸時代もなかばを過ぎたころである。菅江真澄《すがえますみ》は北日本を旅して多くの日記を残した。歌日記と呼ぶべき著述だが、現在は民俗資料の宝庫として知られる。

真澄は蝦夷地を経て陸奥へ戻り、下北半島にしばらく留まった。日記『おくのうらうら』は寛政五年（一七九三）に書かれている。前年の十月末に雪空を冒《おか》して恐山を訪れ、翌年の四月にふたたび登攀《とうはん》した。六月になるとすぐにまた山に向かう。このたびは長逗留である。月の二十三日には恐山の地蔵堂で恒例の地蔵会《じぞうえ》があり、亡き魂《たま》祭がおこなわれる。そこに参会したのである。

前日から仮小屋が設けられ、当日の昼には大勢の人が集まってきた。修行者の一行が「かなつゞみ」を打ち鳴らしている。卒塔婆塚《そとばづか》の前に棚が築かれ、草花が供えられた。おびただしい男女が柾仏《まさぼとけ》という板を六文銭で買い求め、亡き人の戒名を書いてもらってこの棚に置く。水を注ぎながら、みまかった肉親の名を呼ぶ。呼びながら泣き叫ぶ声に念仏の声が交叉し、全山に響きわたりこだました。「あまたのなきたま呼びになき叫ぶ声、ねんぶちの声、山にこたへ、こだまにひゞきぬ」とある。真澄は歌を詠む（『おくのうらうら』菅江眞澄全集第二巻所収。未來社、一九七一年）。

「おやは子の 子はおやのため なきたまを よばふ袂《たもと》の いかにぬれけん」

ひとりの女が袋から散米《うちまき》を取り出し、水を注いで声をあげた。あたしの子が賽の河原にいるなら、ひとめ逢わせて……。「あが子が、さいの河原にあらば、今一め見せ」と泣きながら、しぼんだ撫子《なでしこ》を棚の上に置いていた。やがて日も暮れ、人々が御堂や仮小屋に押し寄せた。どよめきあう声の向こうで山鳥が鳴いている。

翌日、夜の明ける前に集まった者たちが「南無からだせんの延命ぼさち」と唱え出した。伽羅陀《からだ》山《せん》延命地蔵菩薩の名号である。人々が居ならび、数珠《じゅず》をもんで額にあててひざまづく。頭のかぶりものが落ちるのもかまわず、わが子わが孫の亡き魂を数えあげては涙をこぼしている。「わが子、むま子のなきたまをかぞへ〳〵てなみだおとし」とある。日が昇るころ、本坊の円通寺から出向いた大徳が読経を始めた。地獄の名が付く場所をいくつかめぐって亡き魂の棚に至ると、みないっせいに押し寄せた。これだけの行事が終わると人々は徐々に引きあげていった。

恐山で亡き人の魂に会う。親の魂に会いたくて来た者が大多数のはずだが、真澄にとっては関心の外である。わが子を亡くした親の姿、その嘆きの声だけが心に迫る。真澄も子を亡くしたのではないか。あるいは近親の身に起きたことが心に刺さって離れないのではないか。この前後二日が日記中の白眉である。三年に及ぶ下北滞在もここに向かって収斂《しゅうれん》している。

恐山に賽の河原があるように、同名の場所は全国にある。佐渡の願《ねがい》の賽の河原を訪ねてみれば、そこにも玩具やぬいぐるみがおびただしいほど置いてあった。セルロイドの風車《かざぐるま》が壊れたまま風に音を立てている。そのかたわらにもお地蔵様がいらした。

恐山賽の河原、青森県下北半島（筆者撮影）

五條の橋の下むせび
はては涙の流れ灌頂

『七十一番職人歌合』より

なきがらは人気《ひとけ》のない山に葬る。『徒然草』に「からは、けうとき山のなかにをさめ」とある。「から」は亡き骸《がら》、「けうとき」は気疎《けうと》いことをいう。人の往来のまれな山中であればどこでもよかったはずだが、やがていくつかの名山が葬りの場として定着していく。恐山や越中立山、伊勢の朝熊山《あさまやま》、高野山等々が死者の行き着く山と観念されたのである。

高野山が真言宗の道場として開山されたことは言うまでもないが、時代とともに徐々に変貌し、いつしか全山が念仏に覆われた。鎌倉時代に描かれた『一遍上人絵伝』には、奥の燈籠堂に向かう道の両脇に塔婆が林立し始めている。じきにその周囲は延々と墓石で埋め尽くされてしまう。高野聖《ひじり》と呼ばれた廻国の僧が各地を歩き、遺骨や遺髪の一部、あるいは故人の着物の切れ端なりとも預かり、いくばくかの供養料を受け取って高野山に納めた。以来、高野山は霊魂の宿る山としてあり続けたのである（五来重『増補＝高野聖』角川書店、一九七五年）。

旧道の大峰道をはじめ参詣の道に沿って町石《ちょういし》が設けられた。登りきった先に大門がそびえており、ここを抜ければ山上に平地が広がる。宗教都市というのはヨーロッパにはたくさんあるが、日本にはそれほどもない。現在の高野町には金剛峯寺を中心に百以上の子院があり、町役場があり総合診療所があり、銀行や商業施設、博物館（高野山霊宝館）があり、保育園から大学（高野山大学）までそろっている。こうした市街地を除く平地部は、奥之院と呼ばれる広大な墓域で占められ、行けども行けども墓また墓である。名のある人の巨大な墓石もあれば、名も刻まれていない無縁墓もおびただしくある。

奥之院に向かう途中の玉川で流れ灌頂《かんじょう》を見かけた。板塔婆《いたとうば》を川に立て、水の流れにさらしておく。板に書かれた墨の字が色あせて消えていく。そうなってようやく亡くなった人が成仏できるという。とりわけて、お産で命を落とした女性は血の池地獄に堕ちるというので、そこから救いあげるのにこの流れ灌頂がおこなわれたのである。

かつて京都の五条の橋のたもとに「いたか」と呼ばれる最下級の僧がいた。わずかばかりの賃料で、亡くなった人の戒名を板塔婆に書いて川の流れにさらす。室町時代の成立とされる『七十一番職人歌合』三十六番に記事がある。「いたか」の文字の下に塔婆の板を掲げる覆面の人が描かれ、その脇に「流れ灌頂　流させ給え　卒塔婆《そとば》と申すは大日如来の三《さ》摩耶形《まやぎょう》」とある。原文は「なかれかんちやうなかさせ給へそとはと申ハ大日如来のさまやきやう」である。三摩耶形は救済誓願の印《しるし》をいう。これにちなんだ歌が添えてある。

「いかにせん　五條の橋の下むせび　はては涙の流れ灌頂」

原文は「いかにせむ五条のはしのしたむせひはてはなみたのなかれかんちやう」である（『前田育徳会尊経閣文庫所蔵　七十一番職人歌合』勉誠出版、二〇一三年）。

ここでは「はしのした」と「したむせひ」がかけてある。下噎《したむせび》は人知れずむせび泣くことをいう。川の水だけではなかなか墨の字は消えない。亡くなった人を思い、涙を流し、水の流れと涙とで、少しでも早く字が消えるようにというのか。哀れな、はかない調べではないか。

流れ灌頂はかつて多くの土地でおこなわれた。もとは無縁仏や水死者を弔う仏事だが、難産で命を落とした女性の供養のために挙行される機会がことのほか多い。それに応じた御詠歌も各地に伝わる。そのひとつが愛知県北設楽郡で記録されている（井之口章次『日本の葬式』筑摩書房、一九七七年）。

「産で死んだら血が池地獄　あげておくれよ水せがき」

「せがき」は施餓鬼。それは餓鬼道に堕ちた亡者に施す法会《ほうえ》をいう。ここでは「水せがき」とあるから流れ灌頂のことである。「あげておくれよ」ということばが心に沁みる。あれこれ言わず、掬《すく》いあげる。それが救いの本義かもしれない。

流れ灌頂、和歌山県高野町、玉川（筆者撮影）

四　ユダヤ教のことば

私の先祖はさまようアラム人でした。

旧約聖書『申命記』より

イスラエルの民は収穫の初物を主なる神ヤハウェにささげた。籠に入れた初物を主の祭壇に供えるとき、祈りのことばを唱える。旧約聖書『申命記《しんめいき》』に示されたそれは、次のように語り出される（以下の原典をもとに、邦訳聖書をいくつか参照した。*Biblia Hebraica Stuttgartensia*, Deutsche Bibelgesellschaft, Stuttgart, 5. Aufl., 1997）。

「私の先祖はさまようアラム人でした」

これに続いて民族の苦難の歩みが語られていく。

かつてオリエント世界一帯を襲った飢饉を逃れ、イスラエルの民はエジプトに移住した。居留は長期にわたり、いつしか彼らの子孫は奴隷の身分に落とされた。モーセは苛酷な労働にあえぐ民をひきいてエジプトを脱出する。ファラオの追撃をかわしたのち、ひとりシナイ山に登り、神ヤハウェから十戒を授かる。イスラエルの民は四十年ものあいだ荒野をさまよった末に、「乳と蜜の流れる」約束の地にたどり着くことができた。

これは旧約聖書が記すイスラエル民族の出《しゅつ》エジプトの物語である。その集団は壮年男子六十万、それに家族と家畜をひきつれていたという。しかしこれほどの規模の大移動が歴史上にあったことは確証されていない。

わずか数十人程度の逃亡奴隷であったかもしれない。それは記録にも残らないほど小規模なものだったろう。しかし後世のイスラエル民族は、これを自分たちの先祖が経験した歴史として理解した。そしておそらくは偶然の成功に過ぎなかった逃避行も、神の大いなる業《わざ》の顕《あらわ》れとして記憶に刻みつけられたのである。

そして今、約束の地で毎年つつがなく収穫を祝うことがかなった。先ほどの祈りは、ここに至った民族の歩みを語ったのち、次のように閉じられる。

「主よ、ご覧ください。私は今、ここにあなたがあたえてくださった土地の実りの初物を持ってまいりました」

この祈りは主の祭壇の前で唱えるイスラエル民族の信仰告白と理解されている。彼らの先祖は「さまようアラム人」であったと冒頭に言う。邦訳聖書の多くは「さすらいの」と訳しているが、ことばが美し過ぎる。「さまよう《アブード》」というヘブライ語の動詞は「滅びる」と訳せるほど悲惨な意味を持っている。そんなにも痛々しい過去を彼らは共有したというのか。しかもなぜ「アラム人」なのか。

アラム人はシリア砂漠の遊牧民であり、イスラエル民族と同じセム語系の言語を用いる人々だが、歴史的にはイスラエルと敵対関係にあった。ただ、古い伝承ではイスラエルの族長と血縁はあったとされる（池田裕『旧約聖書の世界』三省堂、一九八二年）。

ここで注目したいのは、イスラエル民族がみずからの原点を表明するにあたり、強大な出自を誇るのではなく、弱小部族のなれの果てだったかのごとく語り始めた点である。かえりみれば、彼らの歴史とはまさしくさまよう民のそれではなかったか。そうした自覚をおのが出発点に据えて「物語」を語り出すところに、むしろ彼らの誇りがあるのだと理解したい。

今もユダヤ人がおこなう大きな祭のうち、ふたつが民族の歴史にかかわっている。ひとつは仮庵祭《かりいおさい》である。スコートと呼ばれる。チスリの月（第七月）の第十五日から一週間ほどおこなわれる。九月から十月初旬にあたる。屋外に木の枝で仮庵を造り、そこで暮らすのである。もとは刈り入れのあいだ畑に小屋を建てた農事にさかのぼるという。それがのちに、エジプトを逃れた民が荒れ野で天幕生活を続けたときの苦労をしのぶ祭となった。主がモーセに告げたことばが旧約聖書『レビ記』に記されている（二三章四三節）。

「これは私がイスラエルの民をエジプトの地から導き出したとき、彼らを仮庵に住まわせたことを、あなたたちの代々の子孫に知らせるためである」

今では集合住宅のベランダなどに小屋をしつらえる。天井ごしに夜空が見えるような粗末な小屋に寝泊まりするのだが、これはユダヤ人社会がこぞって祝う祭なのである。『申命記』（二六章一四節）が命じるとおり、そのときは家族だけでなく、外国移民も孤児も寡婦も、そして奴隷もみな分けへだてなく過ごすのである。

もうひとつは過越祭《すぎこしさい》である。ペサハと呼ばれる。ニサンの月（第一月）の第十四日から一週間おこなわれる。三月から四月初旬にあたる。

これも出エジプトの物語に由来する。イスラエル人の帰還を認めさせるため、主がエジプトの地のすべての初子《ういご》の命を奪った。そのときイスラエルの民は小羊を屠《ほふ》り、その血を戸口に塗りつけた。死もそこだけは「過ぎ越して」行くのだった。

過越祭の日にはマッツアというパンを食べる。酵母《イースト》を入れず小麦粉だけで焼いた粗いパンである。『申命記』はそれを「酵母を入れないパン、すなわち苦しみのパン」と記す（一六章三節）。エジプトを脱出するとき、酵母を持ち出す余裕がなかった。そのためカナンの地に着くまでのあいだ、粗いパンを食べ続けたのである。今もユダヤ人はそのパンを食べ、過越祭のたびごとに思いめぐらす。彼らの先祖が三千年も昔に砂漠を越えていった逃亡の旅についてである。それは「世にある日のあいだ、エジプトの地から出てきた日を覚えておくため」であった。

これももとをたどれば、収穫の時期に酵母を用いなかったカナンの習慣にさかのぼるという。それがかつて苦しみの中にあった民族の過去に結びついている。そして今このとき、苦しみの中にある人々へのいたわりにつながっていくのである。ユダヤ人は過越祭のとき「ハガダー・シェル・ペサハ」を唱える。それは過越祭の物語であり、次のとおりである(小河信一『聖書の時を生きる』教文館、一九九八年)。

「これは私たちの先祖がエジプトで食べた苦しみのパンである。飢えに苦しんでいるすべての人を招き入れ、食べさせよ。困窮しているすべての人を来させ、過越祭を祝わせよ。今年、私たちはここにいるが、来年はイスラエルの地で祝おう。今年、私たちは奴隷の身となっているが、来年は自由の身となるように」

現代のイスラエル国の国歌を思い出したい。国歌にもさまざまあれど、短調の国歌はめずらしい。悲壮な国歌はもっとめずらしい。暗い出だしで始まる。暗いままで盛りあがっていく。最後は壮大なフィナーレとなって閉じられる。苦しみに満ちた歩みの向こうに、わきあがり、こみあげてくるものがある。

国歌のタイトルはヘブライ語で「ハティクヴァ」という。その意味は「希望」である。彼らは希望を失わない。歌はこのように閉じられる。「自由の民となって、シオンの地、エルサレムで暮らすことを」——彼らは何千年ものあいだ、その夢を抱き続けてきた。

恐れるな。
あなたたちの神、
主ご自身が戦ってくださる。

旧約聖書『レビ記』より

モーセにひきいられてエジプトを脱出したイスラエルの民は、約束の地をめざしてヨルダン川東岸を通過しようとした。そこはアモリ人の王シホンが支配する土地である。モーセは王に使者をつかわし、その領地を通過させてほしいと願った。王に宛てた嘆願書が旧約聖書『民数記《みんすうき》』に記録されている（二一章二二節）。

「私にあなたの国を通らせてください。私たちは麦畑にも葡萄畑にも入りません。井戸の水も飲みません。あなたの領地を通り過ぎるまで、私たちは王の大路を通ります」

同じ内容の文書を『申命記』（二章二九節）も伝える。街道を粛々と進ませてほしいという。右にも左にも曲がらず、徒歩で通らせてくれるだけでよい。そうすれば「私たちの神、主があたえてくださる土地に」行くことができるのだという。

ところがシホンはこれを拒んだ。それどころかイスラエルの民を撃つためにアモリ人部隊を出動させた。イスラエルの神はこれを知って「心をかたくなにした」とモーセは伝える。主はシホン王とその民をイスラエルの手に渡すことを決意する。すべての民を打ち破らせ、王の支配する町をことごとく占領させた。「すべての町の男と女と子どもを滅ぼし尽くし、ひとりも残さなかった」と『申命記』は記す。

滅ぼし尽くすのである。この行為をヘブライ語でヘレムと呼ぶ。本来は神に「ささげる」

ことを意味する。古くは「聖絶《せいぜつ》」と訳された。敵側のすべての人間とその所有物をことごとく滅ぼす。それがすなわち神に一切をささげることになる。根絶やしが求められている。戦闘員だけではない。婦女子といえども例外は認められない。

聖絶はイスラエル民族の伝統であった。これと同じ原理にもとづくのが全焼のいけにえである。祭壇に供える犠牲の獣を焼き尽くす。煙が天に昇っていく。動詞「昇る《オラー》」が語源であり、「燔祭《はんさい》」と訳される。この祭儀はきわめて古い時代からおこなわれてきた。ギリシア語訳ホロカウトーマからホロコーストということばが出て、徹底殺戮の意味で用いられるようになった。

聖絶と燔祭はひとつのことである。敵を完全に滅ぼし尽くす。いけにえを完全に焼き尽くす。いずれも神への捧げ物である。いささかも余すところがあってはならない。

イスラエルの民がシナイの荒野にたどり着いたとき、彼らに最初に危害を加えたのはアマレク人だった。エジプト国境からシナイ半島にかけて暮らす遊牧民である。『申命記』(二五章一七節)には、「あなたがエジプトを出たとき、その旅路でアマレクがあなたにしたことを思い出せ」とある。彼らはイスラエルの民を背後から襲撃した。そこには飢えに弱りはて、集団に遅れそうになっていた同胞が大勢いたのである。このときの怨みは忘れようもない。神は命じた。

「アマレクの記憶を天の下から消し去らなければならぬ」

天の下から消し去れとは、アマレク人が地上に存在した痕跡すら残すなということである。殲滅《せんめつ》命令である。はたしてこの命令は二百年後に遂行された。イスラエル王国初代の王サウルが最初に討伐したのがアマレク人である。王は二十万からなる部隊に呼びかけた。旧約聖書『サムエル記』（上一五章二～三節）は「万軍の主」のことばを伝える。

「私はアマレクがイスラエルにした仕打ちに対し罰をあたえる。彼らはイスラエルがエジプトからのぼって来たとき、これに敵対したのだ。行け。アマレクを討って、そのすべてのものを滅ぼし尽くせ。彼らを許すな。男も女も、子どもも乳飲み子も、牛も羊も、ラクダもロバも打ち殺せ」

乳飲み子までことごとくである。無差別攻撃こそ神ヤハウェの御心にかなった行為である。サウルは主なる神の命令に従い、その民のすべてを「剣の刃にかけ、奉納物として滅ぼし尽くした」という。まさにいけにえである。その討伐範囲はエジプトに面した地にまで及んだ。次のダビデ王の時代にも掃蕩《そうとう》を加えた。さらにその三百年後、ヒゼキヤ王が残党を壊滅させ、ついに天の下から消し去ったのである。

この異常なまでの復讐心と攻撃性に満ちた神の姿には、民族の心性が投影されている。ヨルダン川東岸へ向けて侵攻を続けていたときのモーセのことばを『申命記』は伝える（三章二二節）。

「主はあなたが通過していくすべての国々に対して同じようになさる。恐れるな。あなたたちの神、主ご自身が戦ってくださる」

イスラエル兵が神の守護のもとに侵攻する。現在の中東情勢と相似形をなしている。

ガザの名は旧約聖書にいくたびも登場する。

イスラエルの民がカナンに侵入し始めたころ、「海の民」と呼ばれたペリシテ人が地中海沿岸に都市を築き、内陸に向けて勢力を拡大しつつあった。前十二世紀に彼らはガザを拠点のひとつとした。エジプトへ通じる要衝である。これに対抗するためにイスラエルに王国が建設された。王となったサウルはペリシテ人との戦闘で討ち死にした。

旧約聖書『アモス書』（一章六節）の冒頭に、イスラエル周辺諸国の民に対して神がくだした審判のことばが記されている。アモスは前八世紀に活動した預言者《よげん》である。

「ガザの三つの罪、四つの罪のために、私は撤回しない。彼らは捕らえた者を一人残らずエドムに引き渡した。それ故、私はガザの城壁に火を放つ。火はその宮殿を焼き尽くす」

前七世紀の預言者による『ゼファニヤ書』（二章四節）にも神の審判のことばがある。「ガザは見捨てられ、アシュケロンは荒れ果てる。アシュドドは真昼に追い払われ、エクロンは根こそぎにされる。災いだ、海辺に住む者たち、クレタの民よ」

ここにはペリシテ人が建てた「五つの町《ペンタポリス》」のうち四都市の名が見える。「クレタの民」とはペリシテ人のことであり、その支配地はイスラエルが最後まで奪取できなかった場所である。主なる神はペリシテ人の土地を滅ぼし、住む者を残してはならぬと命じた。いつかイスラエルの民が西海岸に到達し、すべての土地は彼らの所有に帰するという。そのとき「海辺は羊飼いの牧草地となり、羊の囲い場となる」と語られた。

神の名において滅亡の預言がくりかえされていく。前六世紀の『エレミヤ書』（四七章五節）には「ガザは頭を剃られる」とある。頭を剃るのは死者に対しておこなうことだ。これが唯一の神のもとにおこなわれる聖なる戦いの実態である。

これが一神教なのかと思われるかもしれない。そのとおりである。これが一神教である。妥協となれあいにまみれた私たちの世界からは想像もつかない現実がそこにある。

もとよりこれだけが一神教のすべてではない。次項でたどってみたい。

刈り入れのあとで
落ち穂を拾ってはならない。

旧約聖書『レビ記』より

ミレーの名高い「落ち穂拾い」の絵がある。フランスの農村の夕方の情景を描いたものである。大農場で小麦の収穫が終わろうとしている。刈り入れのすんだ畑には麦の穂がまばらに落ちている。これを拾って自分の糧とすることは小作人に許されていた。それにしても一日のはげしい労働の後である。小作の婦人たちがくたびれた腰をかがめながら、落ちている麦の穂を拾い集めている。それはどこにでも見られた農村の情景であったろう。

この絵の背後には旧約聖書『ルツ記』の物語がある。

ユダのベツレヘムの町にナオミという女性がいた。結婚してふたりの子をもうけた。ユダの地が飢饉に襲われたため、夫婦は死海の東のモアブの地へと移り住んだ。夫は新しい土地で働き過ぎたためか病気で亡くなった。ナオミは幼いふたりの息子をかかえて働いた。やがて息子たちはモアブの人々に信頼され、近くの村からそれぞれに嫁を迎えた。ところがふたりの息子もあいついで亡くなってしまう。

年をとったナオミはすっかり気を落とし、故郷へ帰りたいと思うようになった。モアブ人の嫁たちを無理にベツレヘムへ連れていくのはしのびない。そのことをふたりに話したところ、兄の嫁はこの地にとどまることにした。ところが弟の嫁のルツは、すがりついて離れようとしない。……ナオミはルツをベツレヘムへ伴った。

ルツは知らない人ばかりの中で、義理の母を食べさせていくため、畑仕事の雇われ人となって働いた。そうして麦刈りの終わったあとの畑で落ち穂を拾い、それを粉にしてパンを焼いた。

ナオミの夫にはボアズという名のいとこがいた。豊かな身の上であったが、妻を亡くしてひさしい。このボアズがルツに好意を寄せていることを知ったナオミは、けなげなルツのためにもふたりがいっしょになることを願った。やがてふたりは結ばれ、ナオミもボアズの家に迎えられた。ナオミは目を閉じる前に、ルツの産んだ孫をその腕に抱くことができたという。

ミレーの絵は聖書の物語を描いた宗教画ではない。農村の情景を描いた絵である。しかし、生活の根底にキリスト教があって、聖書の物語になじみある人々は、この絵の中にルツの姿を重ねあわせることができるに違いない。

画家もそれを意識したであろう。ミレーには「刈り入れ人の休憩」という絵がある。農作業のあいまに小作人たちがくつろいでいる。そこへ落ち穂をかかえた新入りの婦人を導きいれる男の姿がある。この絵は「ルツとボアズ」という題でも呼ばれている。

イスラエルの民の先祖は牧畜にたずさわったとされる。ラクダにまたがり砂漠で交易をおこなう遊牧民とは異なり、農村の周辺で羊や山羊を飼育してきた。カナンに定着したあとは生活基盤を牧畜から農耕へと変化させた。家畜の飼育はそのまま続けられたが、それに加えて小麦や葡萄の栽培がさかんにおこなわれた。

人々の生活は農業と深いかかわりを持つに至った。土地を所有する者は豊かになっていく。貧富の差も生まれる。イスラエルの神と人々とのあいだで結ばれた契約には、農業と直接かかわるものが多く見られる。旧約聖書『レビ記』は言う（一九章九～一〇節）。

「土地の刈り入れをするとき、畑の隅まで刈り尽くしてはならない。刈り入れのあとで落ち穂を拾ってはならない。葡萄畑の実を取り尽くしてはならない。葡萄畑に落ちた実を拾ってはならない。貧しい人や居留者のために残しておかなければならない」

『レビ記』はヤハウェがモーセを通じてイスラエルの民にくだした律法の書である。そこには畑の落ち穂も葡萄畑に落ちた実も、困窮する人々のためにそのままにしておくよう規定されていた。同じく律法の書である『申命記』もそれを説く。いずれも「居留者とみなし子とやもめ」のためだという（二四章一九節）。ルツも「居留者」すなわち他国からの移民であり、「やもめ」すなわち寡婦であった。イスラエルでは彼女のような境遇にある者が社会によって守られていたのである。

人の善意は尊い。だがそんなあてにならないものをあてにしていては、いつかは壁にぶつかる。イスラエルの地では神の名のもとに遵守《じゅんしゅ》すべき律法として外国移民や孤児や寡婦の保護が定められた。身寄りのない者、生活のたづきのない者に手厚くすることがイスラエル社会の掟であった。なぜならイスラエルの民がかつてそうであったのだから。『申命記』は命じる（二四章二二節）。

「あなたがエジプトの地で奴隷であったことを思い起こせ」

イスラエル民族はかつて異国で奴隷の身分に落とされ、長いあいだ苦しめられた。旧約聖書はいかなるときもその記憶を呼びさまさずにはおかない。底の底に視座を据えたのだ。そのとき苦難の過去が救済の歴史に転じていく（関根正雄『申命記講解（上）』新地書房、一九八八年）。すべての営為はそこから始まるのである。

のちのユダヤ教における福祉の実践もこうして芽生えた。それがキリスト教やイスラームの福祉活動につながっている。キリスト教以外のそれは私たちにはなじみがないが、現代の社会福祉が足もとにも及ばないほどの充実ぶりを歴史の中で積みあげてきた。これもまた一神教の本質に属するものにほかならない。

ここに私がいます。
私をつかわしてください。

旧約聖書『イザヤ書』より

紀元前七四〇年もしくはその翌年のこととされる。イザヤに神の霊が臨んだ。神殿の玉座にイスラエルの神が坐しているのをイザヤは見た。そのかたわらでセラフィムたちが仕えている。セラフィムは最高位の天使である。それぞれ六つの翼を持ち、たがいに呼び交わし、「聖なるかな、聖なるかな、聖なるかな」と神を讃えていた。

イザヤは恐れた。汚れたこの身が、見るべからざる神を見たことを。するとセラフィムが赤く焼けた炭をイザヤの口に触れさせ、いっさいの罪が取り去られたと告げた。そのときイザヤは神の声を聞いた。

「私は誰をつかわそうか」

イザヤは応えた（『イザヤ書』六章八節）。

「ここに私がいます。私をつかわしてください」

イザヤは旧約聖書に出てくる預言者《よげん》のひとりである。

神の言《ことば》を預《あず》かる人なので「預言者」という。預かったことばを人々に伝えるのが預言者の使命である。

どんなことばを預かるのか。

神の恩寵を忘れ、その戒めをないがしろにした者たちにくだされる神の警告である。祖国滅亡の危機、同胞の受難の予告であった。

イザヤの召命の年、ユダ王国のウジヤ王が亡くなった。数年後にはシリア・エフライム戦争が勃発し、隣国の北イスラエル王国とアラムの連合軍によるユダ王国への侵攻が始まる。のちに新アッシリア帝国軍の参戦により、前七二二年に北イスラエル王国は滅亡した。ユダ王国がアッシリアの国力に依存すれば、遠からずその支配が及ぶ。異国の神々への崇拝も蔓延し、やがては民族の信仰をもおびやかしかねない。イザヤの預言はこうした時代状況を背景としていた。

神のことばを伝えることは、預言者にどんな未来をもたらすのか。

運命の暗転への警告が人の耳に心地よいはずがない。民の心はますます頑迷になるだけだ。神はイザヤに向かって、「この民の心をかたくなにし、その耳をふさぎ、その目を閉ざせ」とさえ語った（六章一〇節）。預言者は孤立し、侮辱され、迫害される。預言者のひとりエレミヤは、神に選ばれた自分の生まれた日を呪った（『エレミヤ書』二〇章一四節）。神の目を逃れようとし、ふたたび神のことばを語るまいと決意するほどだった。

預言者の召命は、有無を言わさぬ神の強制である。

「ここに私がいます」――イザヤは果敢にもそう応えたのである。

このことば、日本の歴史と無関係ではない。

十五世紀にヨーロッパは大航海時代を迎えた。ポルトガル国王は宣教師のアジア派遣をローマ教皇に要請した。イエズス会を創設したイグナチオ・デ・ロヨラにその人選がゆだねられる。ポルトガル人ロドリゲスと、スペイン人ボバディィリャが候補にあがった。ところが出発の間際にボバディィリャが病いに冒されてしまう。ロヨラが同輩のザビエルにはかったところ、彼は即座に応じた。

「ここに私がいます」

それ以上言う必要はない。ロヨラはあのときのイザヤと同じザビエルの決意をさとった。出発まで時間がない。ザビエルはすぐに教皇庁におもむいて祝福を受けた。それから祈りの本一冊を携え、出港地のリスボンへ向かった。そしてふたたび戻ることのないヨーロッパをあとにして、アジアへ旅立ったのである。

ザビエルは喜望峰を経てインドのゴアに到着した。そこから東南アジアにおもむき布教を試みた。聖者がマラッカでヤジロウという名の日本人に出会い、日本布教を決断したいきさつは、多くの書物に記されている。

大いなる期待をいだいて来た日本であったが、ザビエルの布教は期待したほどの成果をあげることができなかった。ザビエルに関する書物を読むと、日本人が優秀で礼儀正しいことにひたすら感心したように述べてあるが、事実はそんな結構ずくめではなかった。上陸して最初にイエズス会士に書き送った手紙がある。日本人の「ある者らが私たちに加える害悪は、主があたえてくださる恵みに違いない」——すでにこの調子である（*Monumenta Xaveriana*, I, *Sancti Francisci Xaverii epistolas aliaque scripta complectens*, Monumenta historica Societatis Iesu, typis Augustini Avrial, Madrid, 1912)。

二年あまりの滞在ののち、再訪を期していったんインドへ戻った。そこからローマのイエズス会本部にいるロヨラに書き送った手紙がある。そこには苦渋に満ちた日本での日々がつづられている。

ザビエルは自分自身を見つめ直さねばならぬほど、危険と困難にさらされたという。日本人は昼となく夜となくつきまとい、どうでもいいことをしつこく尋ねる。そのあげく外国人だからとバカにする。子どもらまでいっしょになって嘲笑する始末だという。ボンズ（坊主つまり僧侶）の欺瞞《ぎまん》はすさまじい。日本へ布教におもむく者は「想像できないほどひどい迫害をこうむるに違いない」と記した。真冬の寒さと食糧事情の悪さも、南欧生まれの者には耐え難かったのか。

かつてピレネー山脈の山ふところにナバラの国があった。その地のハビエル城で彼は生まれた。ハビエルはザビエルのスペイン語読みである。

四十年も前だが、この城を訪ねたことがある。すぐ近くの小さな旅籠《オーベルジュ》に泊まった。夕暮れに鳥がねぐらへ帰ると、あたりはひっそりして、もう何の音も聞こえなくなる。そんな静かな山あいの地だった。

城の礼拝堂に十字架があった。幼いザビエルは毎日の祈りのとき、その小さな十字架の前でひざまづいたのだろう。キリスト教以外に宗教があることも、ナバラの国以外に国があることも、およそ想像もつかない土地で育ったのである。リスボンやバルセロナのような港町であれば、外国の船が入ってくる。アラビアの商人もやって来るだろう。そうした環境に育った人が海外へ出て行くのであれば想像もつく。けれども山深い小国で生まれたザビエルが、やがて海を越え、喧噪に満ちたアジアへ布教におもむいたというのが、どこか不釣り合いな気がしてならなかった。

そのザビエルが、イザヤの決意を即座に口にしたのである。

揺るぎないこの信念は、あまりに崇高であり、まぶし過ぎるほどだ。

ハビエル城、スペイン・ナバラ州（筆者撮影）

その打たれた傷によって
私たちは癒やされた。

旧約聖書『イザヤ書』より

『イザヤ書』に記されたこの一節は、「主の僕《しもべ》」と呼ばれる一連の歌に属している。神の召命に「ここに私がいます」と応えたイザヤのあと、二世紀を隔てて活動した預言者がいる。名は知られていないが、『イザヤ書』の中に続けて記されているため、「第二イザヤ」と呼ばれてきた。

第二イザヤが記す「主の僕」の歌は四つある。これは最後の歌で、苦難の僕について歌われる。そこには「あの者はあなどられ捨てられた」とある。彼をかえりみる者はいない。彼は私たちの病を背負い、苦しみを背負った。私たちの咎《とが》のために打たれ、傷つけられた。屠られる小羊のように引かれていき、それでも口を開かなかった。虐待され、裁かれ、私たちの罪のゆえに葬られたという。そして「その打たれた傷によって私たちは癒やされた」とある（五三章五節）。

ここに言う「あの者」とは誰か。

そもそも預言なのだから、その特定は困難だが、第二イザヤその人とも考えられる。あるいは、バビロン捕囚の民を導いてユダに帰還したのち、神殿再建の途上で隣国の介入によって犠牲になった人とも言われる。あるいは特定の個人ではなく、イスラエルの民全体をさすとも解されている。第二イザヤの預言の冒頭近くで、神は「私の僕《しもべ》イスラエルよ」

と呼びかけてもいる（四一章八節）。

かたやキリスト教徒にとって、「あの者」とはイエス・キリストにほかならず、苦難の僕の歌はイエスの生涯を預言したものと信じられている。福音書に語られたとおり、イエスは多くの人の病を癒やし、罪を赦《ゆる》した。だが弟子のひとりに裏切られ、捕縛される。弟子たちはみな、彼を捨てて逃げてしまった。そして裁きにかけられ処刑された。苦しみを背負った彼の死によって人々の罪があがなわれたという。

イエスの生きざまは、「主の僕」が歌う苦難の生涯をなぞるがごとくに展開した。新約聖書『使徒言行録』には、フィリポという名のキリスト教徒がこの歌の一節から説き起こし、イエスのことを宣《の》べ伝えたとある（八章三五節）。第二イザヤの預言がイエスにおいて実現したというのだ。新約に語られたキリストの存在そのものが旧約の預言の成就と見なされ、ここで旧約と新約がひとつにつながる。『ルカによる福音書』の中でイエスみずからが語っている（二四章四四節）。「私についてモーセの律法と預言書と詩篇に記されていることはことごとく実現されねばならない」――キリスト教の側からはそのように認識されてきた。

私たちはキリスト教がユダヤ教から出たことを知っている。やがてユダヤの民の救いという枠組を超えて、ユダヤ民族に限定されることなく、あらゆる人々に開かれた宗教となったことも知っている。

私たちがユダヤ教に触れるとしたら、ほとんどつねにキリスト教を通してである。ユダヤ教にじかに向きあう機会は、私たちが暮らす島国の中ではめったにない。したがって、キリスト教抜きでユダヤ教を知ることはなかなか困難になっている。

『イザヤ書』の「主の僕」の歌についても、キリストの到来を預言するものとして私たちは読み込んでしまう。だがそれはあくまでキリスト教の側からの見方である。神学の上では旧約は新約の予徴と考えられているが、もとより後付けの理屈である。

そうした例が同じ『イザヤ書』にある。そこには「見よ、おとめが身ごもって男の子を産む。その名をインマヌエルと呼ぶ」とある（七章一四節）。新約聖書『マタイによる福音書』は、処女マリアの受胎を語るくだりでこの預言を引用している（一章二三節）。

邦訳の「おとめ」の原語はヘブライ語の「アルマー」である。これは「娘」を意味するが、処女を意味するヘブライ語であれば「ベトゥラ」の語があり、同じ『イザヤ書』にも「犯された処女《ベトゥラ》」という用例がある（二三章一二節）。ところが前三世紀以降に旧約聖書がギリシア語に訳されたとき、この「アルマー」の語が処女を意味する「パルテノス」と訳された（*Septuaginta, id est Vetus Testamentum graece iuxta LXX interpretes*, Deutsche Bibelgesellschaft, 1979）。マタイはそれをそのまま受け継いだのである。
もとの預言では「男の子」はイザヤの息子、あるいはユダ王国の王アハズの息子ヒゼキヤと解されている。「インマヌエル」とは「神は私たちとともにおられる」という意味である。

前述したシリア・エフライム戦争のさなか、前七三四年にエルサレムが包囲された。このときイザヤはアハズ王に会見し、アッシリアに援軍を求めたりせず、ひたすら神を信頼して静観すべきことを説いた。神は私たちとともにおられる。それがインマヌエル預言の真意である。旧約の世界ではそのように理解されている。しかし新約の世界ではこの預言が処女受胎の確かな根拠とされたのである。

「主の僕」の歌に戻ってみれば、ユダヤ教徒にとっては、バビロン捕囚を経た苦難の民の歌として捉えるべきことは言うまでもない。この歌が作られたまさにその時点に立ち帰って読むことによって、この歌の本質に迫れるのではないか。

バビロンに連行された人々の苦難は、旧約聖書『詩篇』の重要な主題のひとつとなっている。だが彼らだけが苦難を背負ったのではない。ユダ王国が滅亡したのち、エルサレムとその周辺に残留した人々もまた、捕囚の民とは別の次元で、あるいはそれにも増して悲惨な状況に置かれたであろう。

『詩篇』第七十四は、前五八六年のエルサレム神殿の破壊後に歌われたとされる。そこには「神よ、なぜ私たちをとこしえに見捨てられるのですか」とある。今や自分たちを導く預言者はひとりもおらず、こんなみじめな日々がいつまで続くのか誰も知る者はないという。彼らは神に訴える。「虐げられた者に恥を受けさせないでください。哀れな者、貧しい者に、あなたの名を讃えさせてください」という。旧約聖書『哀歌』もおそらく同じ時代に歌われた。そこには「私たちの祖先は罪を犯しましたが、今はもういなくなり、私たちがその罰を担っています」とある（五章七節）。

バビロンから帰還を果たした人々は神の祭儀を再開し、神殿の再建に着手した。期待にあふれたその姿は、旧約聖書『エズラ記』に生き生きと描写されている。だがその過程で予想もつかない困難が次々に出来《しゅったい》した。神殿はかろうじて落成したが、祖国の復興は果たされなかった。その陰で疎外され、あるいは犠牲になった多くの人々がいたに違いない。

彼らにもたらされたのは、それまでのイスラエルの宗教にはなかった救いの姿である。「第二」イザヤとは言うが、名の知られない作者のこの苦難の歌に、第一のイザヤもほかの預言者も突き抜けた救いのありかが示されたのである。

私たちを癒やすという「あの者」には、威厳などどこにもない。見捨てられた哀れな存在でしかない。その見捨てられた者にすがる。哀れな者に慰めを求める。それはいったいどんな信仰なのか。

あえて言いたい。見捨てられた者、哀れな者、だからこそ、見捨てられたこの私に、哀れなこの身に、寄り添ってくれるのではないか。

「その打たれた傷によって私たちは癒やされた」――その救いは、傷ついた者による救いなのである。

キリスト教徒にとって十字架にかけられ刑死したイエスは、まさにそうした救いをもたらす存在であったろう。それはすでに世に現れた救いの実像である。しかしユダヤ教徒にとって、それはいまだ実現されざる何ものかである。彼らは今なおその到来を待ち続けている。

あなたの若い日に
あなたの造り主を覚えよ。

旧約聖書『コーヘレトのことば』より

標題は口語訳聖書の訳文である（一二章一節。日本聖書協会、一九五五年）。ただし冒頭の訳語「若い日」に疑義が出された。旧約学者である西村俊昭氏の遺著『「コーヘレトの言葉」注解』（日本キリスト教団出版局、二〇一二年）がそれを主張した。氏の訳文には「壮年の日」とある。原語「ベフル」は旧約のほかの箇所では「青年」と訳すことができるから、これは内容に踏み込んだ解釈に違いない。「人生のもっとも意気盛んな時、この世の仕事に没頭する人生の誘惑のもっとも強い時」にこそ、神を想起すべきではないかというのである。

いったい、神の存在を思う、あるいは信仰に思いをいたすのは、どれほどの年齢に達してからのことなのか。もちろん人それぞれだが、世間一般の常識からはみ出したところに目を向ける、向けざるを得ない、そんな境遇に置かれでもしなければ、宗教など一生無縁でいられる。そこに自分が置かれたとき、ようやく心に響いてくる。そんな聖書のことばは少なくない。『コーヘレトのことば』にはそれがなかなか多い。

日本聖書協会の口語訳聖書は新約が一九五四年に完成し、旧約はその翌年に世に出た。旧来の文語訳の格調の高さは抜群であり、口語訳の品格はそれに及ばないとの評判だが、筆者の世代ではすでに口語訳が普及していた。最初に読んだ聖書はこの口語訳なので、体に染み込んだまま今も心に浮かぶ文章は口語訳のそればかりである。

『コーヘレトのことば』は旧約聖書のうち知恵文学と呼ばれる一群に属している。ユダヤ教徒の仮庵祭で今も朗読されるという。全体は断片的な思索の集成にしか見えないが、そこに一貫した論理展開を認める意見もある。いずれにしても、長らく読み散らしてきたあとに、一切の文脈を欠いたアフォリズムの残滓《ざんし》が記憶の片隅に沈殿している。それをかき集めて、いくつか拾い出してみたい（すべて口語訳聖書から引用）。

「世は去り、世は来たる。しかし地は永遠に変わらない。日は出《い》で、日は没し、その出たところに急ぎ行く」

「先にあったことは、また後《のち》にもある。先になされたことは、また後にもなされる。日の下には新しいものはない」

「わが手のなしたすべてのこと、それをなすに要した労苦を顧《かえり》みたとき、見よ、みな空《くう》であって、風を捕らえるようなものであった」

「愚者に臨むことは私にも臨むのだ。それでどうして私は賢いことがあろう」

「来たるべき日にはみな忘れられてしまうのである。知者が愚者と同じように死ぬのは、どうしたことであろう。そこで私は生きることを厭《いと》った」

「天《あめ》が下のすべてのことには季節があり、すべてのわざには時がある」

「泣くに時があり、笑うに時があり、悲しむに時があり、踊るに時があり、(中略)黙るに時があり、語るに時があり、愛するに時があり、憎むに時があり、戦うに時があり、和らぐに時がある」

「神のなされることは、みなその時にかなって美しい」

「私はまた日の下でおこなわれるすべての虐《しえた》げを見た。見よ。虐げられる者の涙を。彼らを慰める者はない」

「すべての労苦とすべての巧みなわざを見たが、これは人がたがいにねたみあってなすものである」

「誰のために労するのか。どうして自分を楽しませないのか」

「愚かなる者の声はことばの多いことによって知られる」

「人は一生、暗闇と悲しみと、多くの悩みと病いと、憤《いきどお》りの中にある」

「ことばが多ければむなしいことも多い」

「死ぬる日は生まるる日にまさる」

「悲しみは笑いにまさる」

「昔が今よりよかったのはなぜか、と言うな。あなたがこれを問うのは知恵から出るのではない」

「神の曲げられたものを、誰がまっすぐにすることができるか」

「順境の日には楽しめ。逆境の日には考えよ。神は人に将来どういう事があるかを知らせないために、彼とこれとを等しく造られたのである」

「義に過ぎてはならない。また賢きに過ぎてはならない」

「人の語るすべてのことに心をとめてはならない。これはあなたが、自分の僕《しもべ》のあなたを呪《のろ》うことばを聞かないためである。あなたもまた、しばしば他人を呪ったのを自分の心に知っているからである」

「日の下で神から賜ったあなたの空なる命の日の間、あなたはその愛する妻とともに楽しく暮らすがよい。これはあなたが世にあって受ける分、あなたが日の下で労する労苦によって得るものだからである」

「すべてあなたの手のなし得ることは、力を尽くしてなせ。あなたの行く陰府《よみ》には、わざも計略も、知識も知恵もないからである」

「あなたの若い日にあなたの造り主を覚えよ。悪しき日が来たり、年が寄って、私には何の楽しみがない、と言うようにならない前に」

コーヘレトは所詮は傍観者であり個人主義者であった。悲観論者であり厭世《えんせい》主義者であった。高遠な視野と狭隘《きょうあい》な偏見と、あきらめとひがみと、分別と高慢とが何のわだかまりもなく同居している。有史このかた「民族」に固執し続け、今なお強靭にそれを主張するユダヤの人々の中にあって、同胞に同化しきれない人間の絶対の孤独が、ことばの裏側で残響している。コーヘレトのどこに魅力を感じるのかと問われたなら、答えはそこに尽きている。

おまえが正しいことをしているなら
顔をあげたらよいではないか。

旧約聖書『創世記』より

神はエデンに園《その》を設け、最初の人間であるアダムとエバを住まわせた。園には食べ物が豊かにあり、ふたりは何不自由なく暮らしていた。ただ、園の真ん中にある木の実だけは食べてはいけない、と神は命じておいた。ところが、エバはヘビにそそのかされて、その実を食べた。アダムはエバから渡されて、その実を食べた。

風の涼しい時刻になった。神が園の中を歩くと、その足音に気づいたふたりは茂みに隠れた。なぜ隠れる必要があるのか。神は問い詰める。アダムは言い訳した。

「エバが木の実を取ったから」

エバは言い訳した。

「ヘビにだまされたから」

アダムとエバは、神が最初にこしらえた人間だと聖書に書いてある。最初の人間からして、罪のなすりあいだ。私たちはみな、アダムとエバの子孫ということになっている。だから私たちは誰もみな、罪を犯し、罪のなすりあいをするのである。

神の足音を聞いてふたりは身を隠したという。このときを境として、彼らは神から離れてしまった。楽園から追放され、満ち足りた生活から切り離されて、人類の歴史が始まった。生きていくことが苦しみに変わったのである。

アダムとエバにふたりの息子ができた。兄のカインは畑を耕し小麦を収穫した。弟のアベルは羊を飼って子羊を産ませた。おたがいできたものを神に差し出したら、神はアベルの子羊だけに目をとめた。

そんな「えこひいき」する神などごめんだ、と思うだろうか。

ここで「神」ということばを「運命」に置き換えてみたらどうだろう。そんなことは痛いほどわかっている。えこひいきしない運命など現実にはあり得ないことを。この世の中には、誰にでも同じように与えられているものなどないことを。

私たちはまず、その情け容赦ない現実をわきまえねばならない。そのうえで、たとえどんなに運命が冷酷であろうと、その運命を生き抜いていくしかない。

神はアベルの供え物に目をとめたのに、カインの供え物には目をとめなかった。カインはひどく憤《いきどお》り、顔を伏せたという。神はカインをとがめた（『創世記』四章七節）。

「なぜ憤るのか。なぜ顔を伏せるのか。おまえが正しいことをしているなら顔をあげたらよいではないか」

このとき、カインの心に悪が入り込もうとしている。神は警告した。だがそれもむなしく、カインは弟を野原に連れ出して殺してしまった。

神がアベルはどうしたのか問うと、カインは答えた。

「知りません。私は弟の番人じゃありません」

「何ということをしたのだ。おまえの弟の血が土の中から私に叫んでいる」

大地が呪っていると神は告げた。これからのち、カインがどれほど土地を耕しても、もはや実を結ぶことはなくなった。彼は大地をさまよい続けるしかなくなる。カインは犯した罪の深さに戦慄し、自分にくだされた罰の重さに絶望した。彼は放擲《ほうてき》され、エデンの東の地に移り住んだという。

なぜカインは罪を犯すところまで追いつめられたのか、ふたりの兄弟がそれぞれ牧畜と農耕に精を出し、たがいの収穫物を真っ先に神にささげただけではないか。なぜ片方だけが受納され、片方は拒絶されたのか。

発端は神の気まぐれとしか思えない。神は気まぐれなのだ。運命も気まぐれだ。カインが顔を伏せたのは無理もない気もするが、間違ったことはしていないのだから、顔をあげればよかったのだ。それができずにいる隙に、悪が彼の心を捉えてしまった。ここから先は転落へ一直線である。

世の中は公平ではない。それはわかりきったことだが、たとえどんな理不尽な扱いに直面しようと、私たちは堪え忍ぶしかないのか。
それをはねかえすことはもちろんできる。だが、堪え忍ぶしかないときもある。ときとして、それに堪えきれず道を踏みはずすことさえある。いずれも私たち自身にも、私たちの周囲にも、つねに選択肢として置かれている。
アダムとエバも罪を犯した。この最初の人類が罪のなすりあいをしたことはすでに述べた。問題は本人がどれだけその罪の重大さを思い知るかである。その痛みをどこまで抱き続けるかである。罪の自覚こそ、ふたりの息子カインの偉大な発明である。罪と罰の問題がここではっきり出てきたのである。
『レ・ミゼラブル』で名高いヴィクトル・ユゴーに「良心」という長編の詩がある。上田《うえだ》敏《びん》の訳詩集『海潮音《かいちょうおん》』に掲載されており、明治の日本で知られた作品だった。次のように始まる（本郷書院、一九〇五年）。
「革衣《かはごろも》纏《まと》へる児等《こら》を引具《ひきぐ》して
髪おどろ色蒼《あを》ざめて、降る雨を
エホバよりカインは離《さか》り迷ひいで、
夕闇の落つるがまゝに愁然《しうねん》と、

大原の山の麓《ふもと》にたどりつきぬ」
明治の文語訳聖書はイスラエルの神ヤハウェの名を「エホバ」とつづった。続く聖書の物語は、カインが落ち延びた先で妻をめとり子をなしたと語る（この時点で、地上の人類はアダムとエバとカインしかいないはずだが、それは問わない）。ユゴーの詩では、カインに安住の地はなく、その一生は妻子を引き連れた逃避行として語られる。
どこへ逃れようとも神の目が、「天眼《てんがん》」が、カインを睨《にら》んでいる。疲れはてた家族をともない、ひたすら歩き続け、風の音にもおびえ、眠ることさえできない。地の果てに至り、青銅の壁をめぐらせ、石の帳《とばり》で覆った。それでも天眼は消えない。ついには地面を穿《うが》ち、真っ暗な墳墓《おくつき》に隠れ住むしかすべはなくなった。最後の一連は以下のとおりである。
「たゞひとり闇穴道《あんけつだう》におりたちて、
物陰《ものかげ》の座にうちかくる、ひたおもて、
地下《ちげ》の戸を、はたと閉づれば、こはいかに、
天眼なほも奥津城《おくつき》にカインを眺む」
ユゴーの詩はおそらく旧約聖書『詩篇』一三九篇を踏まえている。これは神がつねにおられることへの感謝の詩である。神はいつでも私とともにおられ、私を見守ってくださる。

ということは、神の目から離れられる場所も存在しないことになる。詩は「どこまで行けば、あなたの前から逃れられるのか」と歌い、さらに「私が地の底《シェオル》に臥《ふ》しても、あなたはそこにおられる」と歌う。

神の恵みに漏れることはない、と同時に、罪が見逃されることもない。罪を犯したからには、一生涯それを背負って生きていくしかないのか。

そうなのだ。この神はそれを強いるのだ。

ユダヤ教もキリスト教もイスラームもただひとりの神を信じる宗教である。そこでは神が世界を主宰すると信じられている。神は絶対の他者であり、人とまったく隔絶している。神が人を裁く。人は神を恐れるしかない。……なんと理不尽な、と思いたいが、世界の人口の半分、実に人類のふたりにひとりは一神教徒である。

そこでは、罪におののく心のないところに信仰は芽生えない。

五　イスラームのことば

しかたない。
この子のために神様が
お恵みをくださるかもしれんぞ。

イブン・イスハーク『預言者伝』より

ムハンマドは孤児だった。

母がみごもったあと、父は商取引に出かけ、そのまま帰らぬ人となった。残された乳飲み子は、当時のメッカの習慣に従って、砂漠で暮らす遊牧民の乳母のもとに預けられることになる（メッカは「マッカ」が原語の音に近いが、日本での慣習に従う。マディーナもメディナのままとした）。

乳母となったのはサアド族のハリーマという女性である。ムハンマドの最初の伝記である『預言者伝』には、この乳母夫婦の語ったことばが記されている（後藤明、医王秀行、高田康一、高野太輔訳『預言者ムハンマド伝 1』岩波書店、二〇一〇年）。

ハリーマは夫と、生まれて間もない自分の子を連れて、一族の者たちとともにメッカにやって来た。それは干魃《かんばつ》の年のことだった。老いた牝《めす》のラクダのほかには持ち物とてない。ラクダは痩せ衰えて一滴の乳も出さなかった。ハリーマも自分の赤ん坊におなかいっぱい飲ませるだけの母乳が出ない。おなかを減らして赤ん坊は泣き続けるばかりである。メッカの商人の子の乳母となって、謝礼をもらうことだけが頼みだった。

サアド族の女たちは乳を飲ませる赤ん坊を物色した。その中に孤児がいることを知るや、みなが口をそろえた。「孤児ですって。その子の母親やじいさんに何ができるっていうの」……父親のいない子では十分な謝礼など期待できない。誰もが乳母になるのを断った。

ハリーマひとりは預かる赤ん坊を見つけられずにいた。から手で帰るわけにもいかない。孤児でもいいから預かることにした。夫は言った（『預言者伝』五章一節）。

「しかたない。この子のために神様がお恵みをくださるかもしれんぞ」

ハリーマが赤ん坊に胸を吸わせると、今まで出なかった乳が、赤ん坊の欲しがるままに出てきた。赤ん坊はおなかいっぱいになるまで乳を飲んだ。自分の子もおなかいっぱい飲んだ。そうしてふたりはすやすやと寝入った。夫がラクダの世話をしに行くと、痩せていた乳房がいっぱいに張っているではないか。夫が乳をしぼり、ハリーマは存分に飲むことができた。翌朝になって夫は言った。

「ハリーマ、おまえは祝福された命を預かったんだ」

この『預言者伝』は八世紀の人イブン・イスハークによって書かれ、のちに編纂されて現在の書物になったとされる。冒頭に次のようにある（一章二節）。

「私はこの本の最初に、神の使徒の直系の父祖であるイシュマエル・ブン・アブラハムとその子孫について述べる」

「神の使徒」とはムハンマドを指している。「ブン」はイブンの省略形で、誰それの「息子」という意味である。ここでは「アブラハムの息子イシュマエル」を意味する。あたかも新約聖書『マタイによる福音書』の冒頭にイエスの系図が示されているように、神の使徒であるムハンマドの代々の系図が語られていく。ユダヤ教もキリスト教も「アブラハムの宗教」から出発している。それはイスラームも同じであった。

ユダヤ教はアブラハムとその子イサク、さらにその子ヤコブから受け継がれている。かたやイスラームはイシュマエルから受け継がれた、と人々は認識した。イサクはアブラハムの正妻の子、つまり嫡子である。イシュマエルは奴隷の子である。嫡子ではない。選ばれた子ではなく、選ばれざる子であった。追放された子であった。このことはイスラームの成り立ちを理解するうえで極めて重要である。『預言者伝』はイスラームを「イシュマエルの宗教」と呼んでいる（三章一〇節）。

やがて乳母の手を離れたムハンマドは、メッカに戻され、母とその親族のもとで育てられた。そしてムハンマドが六歳のとき母が亡くなった。

孤児となった少年は、亡き父の親族に引き取られた。祖父のアブド・アル・ムッタリブが健在であった。祖父には妻がたくさんいたので、孫も多かったが、祖父はあわれな孤児をかわいがった。『預言者伝』は伝える（五章二二節）。

カアバ神殿の日陰にはいつもアブド・アル・ムッタリブのために敷物が広げられていた。

息子たちは敷物の周囲に坐って、父が来るのを待つのがならいだった。誰もが父を畏れ敬って、敷物の上に坐る者はいない。幼いムハンマドが敷物の上に乗ろうとすると、大人たちはつかまえてどかそうとした。祖父はそれを見咎めた。孫を抱きかかえて敷物の上に坐らせ、背中をなでてやったという。

優しかった祖父もムハンマドが八歳のとき亡くなった。

ついで父の同母兄であるアブー・ターリブに引き取られた。この伯父も孤児に情けをかけてくれた。ムハンマドは伯父のもとでさまざまな仕事を覚えた。彼の置かれた境遇からすれば、伯父から商売の「いろは」を教えてもらって商人になる以外に選択肢はなかっただろう。これも『預言者伝』に出てくる話である（五章三七節）。

アブー・ターリブが隊商をひきいてシリアに出かけたときのことである。ムハンマドは伯父と離れるのをいやがった。伯父も不憫に思って、この身寄りのない甥を連れていくことにした。

一行がシリア砂漠に至ったとき、そこに住む隠者が声をかけてきた。それまでもこの隠者のいる近くを通ったことはあったが、声をかけられたことはなかった。その日は食事まで用意しているという。一片の雲が隊商の行く手に日陰を作っていた。隠者は遠くからそれを認めたのである。

一行は喜んでもてなしにあずかったが、ムハンマドひとりを荷物の脇に置いたままにした。すると隠者は問い詰めた。もてなしを受けている人々に神の印《しるし》が見出せなかったからである。すぐに人をやって、ムハンマドを招き入れたという。

伯父は何くれとなく面倒を見てくれた。けれど、まわりの人々からすれば所詮は親なし子である。いつも軽んぜられ、のけものにされてきた。

孤児と言えば、日本では両親のいない子（あるいは親に捨てられた子）のことだが、当時のアラブ社会では、父のいない子は孤児同然である。族長制度のもとでは実父という後ろ盾がいなければ、満足な境遇など得られなかった。

ムハンマドは孤児である。そしてその先祖とされるイシュマエルも、孤児の境遇に落とされた身であった。それを神が見捨てずに助けたのである。

イスラームはここから始まっていく。

おまえたちはみなし子を
大事にしてやらなかった。

『クルアーン』「暁」より

父母にあまえる。そんな懐かしい記憶がムハンマドにはない。他人の顔色ばかり窺ってきた。そんな切ない記憶がよみがえる。だから、いじめられていたり、ひもじそうにしている子を見ると、黙ってなどいられなくなる。『クルアーン』はアッラーのお告げであるはずなのに、そうした怒りに満ちている。「暁」と題された章に言う（八九章一七節。『日亜対訳・注解聖クルアーン』日本ムスリム協会、一九八二年改訂版にもとづき、欧文訳書等を参照した）。

「とんでもないことだ。おまえたちはみなし子を大事にしてやらなかった。貧しい者に食べさせてあげようともしなかった」

孤児や貧乏人に手を差し伸べるアッラーは、ムハンマドにとって父であり母であった。しいたげる者どもを厳しく罰する怒りの神は、しかしムハンマドには慈愛の神にほかならない。メッカにおける最初期の啓示には、この両極端な神の表情が顕著に現れている。約束された最後の審判の日にかならずその報いがあるという。

怒りの神は次のようである（六九章三〇～三四節）。

「あの者をつかまえて縛りあげろ。燃えさかる炎のなかにたたきこめ。七十腕尺《ズィラーウ》の鎖でがんじがらめにしろ。あの者は偉大なるアッラーを信じようとしなかった。貧しい者に施しをしようともしなかった」

慈愛の神は次のようである（五一章一五～一九節）。

「あの者は園と泉のあるところに住んでよい。アッラーがくださるものをなんでもいただいてよいのだ。（中略）あの者は夜明け前にいつもアッラーにお赦しを祈っていた。物乞いに来た者、見捨てられていた者にも財産を割いてやっていた」

財産を築くことを否定しない。「清貧」という考え方はない。仕事をして稼ぐことが奨励されている。ただ、そうして財産を築くことができたなら、それは神の恵みの賜物であるはずだ。だからひとり占めしてはならない。困窮している人のために惜しまず役立てるべきである。そのようにイスラームでは考える。

ムスリムが義務として果たすべき行為が五つある。信仰告白、礼拝、喜捨、断食、巡礼である。

信仰告白とは、「アッラーの他に神なし。ムハンマドはアッラーの使徒である」と告白することである。アラビア語でシャハーダという。証言を意味する。イスラームを信仰するという証言を、礼拝のたびごとにくりかえすのである。信仰を抱くのは心のうちであっても、それは「証言する」という行為によって果たされねばならない。イスラームを信仰することは、すなわち実践することである。実践が信仰をあかしする。礼拝も喜捨も断食も巡礼もそこにつながっている。

　働いて生活の糧を得ることを『クルアーン』は奨励する。しかし糧を得られるのは、自分ひとりの力によるだけではない。神の恵みがある。社会にも依存している。だから糧をあたえてくださった神と人間社会に対して、お返しをしなければならない。そのためには得たものの一部をアッラーにお戻しすればよい。アッラーはそれを必要とする人の手に届けてくださるのだから。これは富の再配分の宗教的な構造である。その実践がすなわち喜捨なのだ。『クルアーン』は命じる（二章二六七節）。

「信ずる者たちよ、あなたがたが働いて得たよいものと、私が大地からあなたがたのために出したものを惜しまず施せ」

　アッラーの啓示の中でひときわ高らかに響いてくるのは、人間を超えた絶対的な神の存在である。その圧倒的な力の支配である。その前での取るに足らない私たちの姿である。そんな私たちにさえ命をあたえてくださった神の慈愛である。私たちにできるせめてものことは、神へのひたむきな感謝である。その思いを神への礼拝というかたちで表明しなければならない。弱い者へのいたわりというかたちで表明しなければならない。かくしてイスラームにおける信仰実践が始動する。

道に迷っていたおまえを見つけて
手を引いてくださったではないか。

『クルアーン』「朝」より

『クルアーン』に「朝」と題された章がある。

アッラーがムハンマドに啓示したことばを集成した『クルアーン』は全編が詩の形式で書かれている。アラブ世界では詩こそが最高の文学形式とされる。この書物は章の分量が多い順に並んでおり、短い章は終盤に置かれる。早い時期の啓示は短いものがほとんどであり、したがって『クルアーン』の末尾近くに、イスラームが勃興していく最初期の気迫にあふれた章がずらりと並んでいる。こんなにも力強い詩が世にあることに驚嘆するばかりである。

「朝」の章はメッカでムハンマドが授かった啓示である。このように語り出される。

「主はおまえを見捨てたもうたのではない」

このときムハンマドは、神に見捨てられたと思うほど絶望の淵にいたのか。

「終わりの方が始めよりどれほどよいか」

現世より来世を待ち望めという。やはり彼は失意のどん底にいたに相違ない。

アッラーは今にきっとたくさんの恵みをくださるというのだ。アッラーはムハンマドに思い出させた。苦しかった前半生で、どんな逆境にあるときも決して見捨てたりしなかったことを。そのうえで、ムハンマドにこう語りかけたのである（九三章六〜一一節）。

「アッラーは、みなし子だったおまえを見つけてかばってくださったではないか。道に迷っていたおまえを見つけて手を引いてくださったではないか。貧しかったおまえを見つけて富ませてくださったではないか。

よいか、みなし子をいじめてはならぬ。

物乞いする者を追い払ってはならぬ。

アッラーの恵みをいつもみんなに話してやるのだ」

『クルアーン』はアッラーのお告げであるのだが、これはもうムハンマド自身の心の叫びとしか言いようがない。

メッカの町を牛耳っていた商人たちは、親もなく成りあがりの身に過ぎない男を締め出し、仲間として扱わなかった。ひとりぼっちだったムハンマド、途方に暮れていたムハンマド、いつもすきっ腹をかかえていたムハンマドを、アッラーは救い出した。だからこそ、孤児を、迷っている人を、貧しい人を大切にするイスラームの精神が、ここからあふれ出すのである。それはムハンマドの生涯からにじみ出た思いだった。

ムハンマドはずっと年上のハディージャと結婚した。そして妻の商才に支えられ、商人としての地位を築いていく。夫婦のあいだには男の子が三人、女の子が四人生まれた。女の子は元気に育ったが、男の子はみな夭折した。ムハンマドはザイドという名の奴隷の少年を養子に迎える。ザイドは妻ハディージャの叔母に買われ、婚礼の祝いとしてムハンマド夫婦に贈られ、そして夫婦によって解放されたのである。

メッカの人々はムハンマドの教えを受け入れなかった。それどころか彼をののしり迫害した。西暦六二二年、ムハンマドはメッカを捨ててメディナに移住した。これをヒジュラと呼んでいる。聖遷《せいせん》と訳される。この時をもってイスラームの紀元元年とする。彼らの暦はここから始まる。西暦が用いられることはない。今年、西暦二〇二四年は七月八日からイスラーム暦一四四六年となった。

なぜ、これほどヒジュラが重要なのか。

ヒジュラというアラビア語のもとの意味は「絆《きずな》を断つ」ことだという。メディナのムハンマドのもとに集まった人々は、部族の絆を断ち切ったのである。血縁によらないまったく新しい共同体《ウンマ》の建設をめざしたのである。

古くから続いてきたアラブの部族社会にあっては、何よりも血縁が大事であった。血縁による連帯が人々のあいだに深く根ざしていた。ムハンマドにしても血縁の保護があったから成長できたのである。しかし結局は、血縁の絆を断ち切っていくしかなくなる。血縁集団と真っ向から対立せざるを得なくなる。それは多大の困難と犠牲を払わねばならないことだった。

そこではあくまでも個人が単位となる。もたれあって暮らすことのできる仲間内とは根本的に異なるものであり、他人との関係は契約が基本となる。そこにあるのは根無し草の集団である。特定の土地とも血筋ともつながりを持たない人間の寄せ集めに過ぎない。だがそれは土地や血筋などというちっぽけなものを超えている。もっと高く大きなものにつながっている。

いつか訪れる最後の審判の日に、誰もがたったひとりで神の前に立たねばならない。そこでは地縁も血縁もなんの役にも立ちはしない。ムハンマドがめざしたのは、信仰によって結ばれる共同体の建設であった。孤児がないがしろにされることのない社会、寡婦が日のあたるところで生きていける社会、貧しい者がみじめな思いをしないで暮らせる社会の実現を決意した。

メッカという都市で孤独のうちに辛酸をなめ尽くしたムハンマドは、あらゆる縁を超絶した絶対者に頼りきった。アッラーのみに帰依する信仰の礎《いしずえ》が据えられたのである。

神の道のために
おまえたちに敵対する者と戦え。

『クルアーン』「雌牛」より

ジハードの語は極東にも普及した。聖戦という訳語もある。「神聖な目的のための戦い」を意味するという。しかし私たちの理解はそうではない。無差別テロ攻撃を「聖なる」戦いと呼ぶ。そうした逆説的な意味で捉えている。

このような思い込みとまったく対照的なのが、イスラームに親しい人たちの意見である。ジハード即戦争ではない。本当の意味は「信仰のために努力すること」だという。それはそのとおりだが、努力することの中身はさまざまである。ジハードがただちに戦争ではないとしても、戦争は確実にそこに含まれている。それはジハードという思想が生まれた歴史を見れば明らかである。

信仰のために努力する。アッラーへの信仰をともにする共同体を築く。差別のない社会をめざす。しかし世の中はかならずしも理想的な方向にばかりは進まない。それをさまたげるものが現実に存在する。平和な世界の建設を阻止しようとする者に対して、断固たる態度で臨まざるを得ないときがある。これはもちろん大きな矛盾である。それでもあえて『クルアーン』「雌牛」の章は命じる（二章一九〇節）。

「神の道のためにおまえたちに敵対する者と戦え」

迫害する者がいたら、迫害がやむまで戦えという。ただし彼らが戦いをやめたなら、もはや敵意を抱くなと説かれる。相手が戦いをしかけてこない限り戦ってはならない。だが戦いをしかけてきたらどうするか。『クルアーン』は続ける（二章一九一節）。

「もしも彼らが戦いをしかけるならば、彼らを殺せ。不信者の報いはこうなるのだ」

ムハンマドはアッラーのお告げをメッカの町に広めよう奮闘としたが、迫害されてメディナに逃れた。イスラームを信仰する者をムスリムと呼ぶ。やがてムハンマドのひきいるムスリムの集団とメッカの軍勢とのあいだに戦いが始まる。最初の激突はメディナ南西のバドルの地でおこなわれ、三百人あまりのムスリム軍が何倍もの兵力のメッカ軍に圧勝した。六二四年のことであった。

迫害に対する報復はアッラーが認めている。戦いを挑む者に対する戦闘行為も当然のこととして許容される。『クルアーン』は告げる（二二章三九～四〇節）。

「不当な目にあった者が相手に挑むことは神によって許されている。ただ『われらの主はアッラーである』と言ったというそれだけの理由で故郷から追い出されたのだから」

バドルの戦いの翌六二五年、メッカ軍は三千の兵を集めて復讐戦を挑んできた。メディナの北、ウフドの地でムスリム軍が応戦したが犠牲者が続出した。メッカ軍も疲弊のあまり撤退せざるを得なかった。ムハンマドはこの戦いを神の試練とわきまえた。そしてこれ以降、アッラーの信仰に敵対する者へのジハードを意識するようになる。

ムハンマドは力説する。戦いを恐れてはならない。ムスリムはひたすら神に頼るがよい。アッラーは守護してくださる。『クルアーン』は告げる（三章一二四節）。

「主が三千の天使を遣わし、おまえたちの援軍となしたもう」

死を恐れてはならない。ジハードで命を落とした者は、かならずや神のみもとに召され、そこで神の恵みにあずかることができる。『クルアーン』は告げる（三章一六九節）。

「神の道のために殺された者を、決して死んだと思ってはならぬ。否、彼らは主のみもとで十分に養っていただきながら生きているのだ」

ジハードにあたることばはユダヤ教やキリスト教の聖書にはない。聖戦という訳語も邦訳聖書には出てこない。しかし「聖なる戦い」という意味でならば、むしろおびただしいほど出てくる。神のために、神が選んだ民のために、神が彼らに約束した土地のために戦う。これにあらがう一切の敵を絶滅させる。いずれも神が命じたもうたことだった。

かほどに峻厳な一神教でありながら、それを奉ずる人々が信仰実践の場で示すいたわりの厚さも、くりかえし述べたとおり瞠目すべきものがあった。彼らの寛容の精神についても知りたいと思う。それは次項でたどろう。

あなたにはあなたの宗教、
私には私の宗教がある。

『クルアーン』「不信者」より

ムハンマドがアッラーのことばを人々に告げてからわずか百年、イスラームの勢力はアラビア半島から東西へ向けて急速に拡大した。北アフリカの地中海岸に到達すると、七一一年にジブラルタル海峡を越えてイベリア半島に侵入した。またたく間に半島のほとんどを制圧してピレネー山脈を越え、七三二年にはフランス中部に迫った。キリスト教軍がこれを撃退したので内陸への侵攻はほぼくいとめたが、イベリア半島には十五世紀の終わりまでとどまることになる。

アラビア半島では七五〇年にアッバース朝が成立した。シリアのウマイヤ家は北アフリカに逃れ、七五六年にイベリア半島に渡って後《こう》ウマイヤ朝を開いた。半島南部の古い町コルドバがその首都となる。正統カリフを名のるイスラーム王朝が東西に並び立ったのである。十世紀にバグダッドとコルドバは世界でもっとも繁栄する町となった。そこで開花した学問も芸術も、当時のヨーロッパでは想像もできないほど高度な達成を示した。

十一世紀はじめに後ウマイヤ朝は崩壊し、イスラーム・スペインは分裂した。イベリア半島北部の大西洋岸のわずかな地域がイスラーム化されずに残っていた。そこからレコンキスタと呼ばれる失地回復運動が始まる。

ムスリムはイベリア半島をアル・アンダルスと呼んだ。ことばのもとはヴァンダリシアである。イスラームの征服以前にこの地に住んでいたヴァンダル族の国をいう。アンダルスの名称は、実際には半島全部ではなくイスラームの支配地だけに用いられた。半島征服の最初期には、フランスの地中海岸の一部もアンダルスに含まれていた。しかしその範囲は徐々に縮小していく。最末期のナスル朝の時代には、グラナダを中心とした半島南部のわずかな地域だけになった。今のアンダルシア地方の名はこのアンダルスがもとになっている。

ムスリムは征服した土地を支配するにあたって、北アフリカですでに実践した方法を用いた。数において劣る彼らは、地方の有力貴族と条約をかわして支配地を増やしていく。あるいは姻戚関係を結んで領地を拡大した。その土地の社会組織を無理に変えることをせず、むしろ統治に活かしたのである。

イベリア半島の住民のほとんどはキリスト教徒だった。ムスリムは征服した土地の人々に改宗を強制しなかった。「宗教に強制があってはならない」と『クルアーン』は告げる(二章二五六節)。その結果、アンダルスのムスリム社会の中にキリスト教徒の社会が存続し、トレドとコルドバの司教座も維持された。

他人に信仰を無理強いすることはできない。それは人のはからいを超えている。そのことも『クルアーン』は強調する（一〇章九九〜一〇〇節）。

「あなたが人を無理やり信者にすることはできない。アッラーの許しがなければ、誰も信仰に入ることはできないのだ」

どんな人も神に代わって信者に命令する権利はない。イスラームではそう考える。そこには神と人との仲立ちをする聖職者はいない。神の代理人となる者もいないと考える。

誰でも自分の信念を持つことができる。その信念は尊重されてよい。そして同じように他人の信念も尊重されてよいし、尊重されねばならない。宗教を信じるのも同じである。これも『クルアーン』「不信者たち」の章が教えるところである（一〇九章六節）。

「あなたにはあなたの宗教、私には私の宗教がある」

もとより、どんな宗教もつねに寛容だったわけではない。ある時代にはヨーロッパのキリスト教徒はユダヤ教徒を迫害し、ムスリムを敵視してきた。しかしすべての時代がそうであったはずもなく、またヨーロッパのキリスト教徒がキリスト教徒のすべてではない。

アフガニスタン出身のタミム・アンサーリーが著した『分断される宿命』という本がある（小沢千重子訳『イスラームから見た「世界史」』紀伊國屋書店、二〇一一年）。著者はアメリカ在住の作家である。高校生用の世界史の教科書編纂に携わっていた。示された目次案にはイスラームにかかわる項目がほとんどなかった。九・一一のわずか一年前のことだという。

アメリカ人やヨーロッパ人にとって世界史とは、西洋のキリスト教世界から見た歴史である。日本人が使う教科書には、日本から東アジアを見わたす視点はあるかもしれない。しかしイスラーム世界から見た世界史というのを私たちは知らない。そうした本が書かれたならどんな内容になるのか。アンサーリーの本はそのひとつの試みである。

そこにこんな話が出てくる。

十世紀のなかごろ、イベリア半島北部にレオン王国があった。イスラーム化されなかったキリスト教徒の国である。ときの国王サンチョ一世は肥満症に苦しんでいた。臣下の貴族たちはずいぶん冷たい。自分の体をコントロールできない者に国を統治する資格はないと言い立て、なんと王を退位させてしまった。

失意のサンチョは、アンダルスのカリフの宮廷にユダヤ人の名医がいることを耳にした。藁《わら》にもすがる思いで南へ旅立った。

後ウマイヤ朝の統治者アブドゥッラフマーン三世は、彼を賓客としてもてなした。そして侍医のハスダイ・イブン・シャプルートに治療をおこなわせた。やがて治療は功を奏し、サンチョはすっかり体重を落とすことができた。レオン王国に戻って王座に復し、アンダルスと友好条約をかわしたという。

キリスト教徒の国王がイスラームの君主の宮廷でユダヤ教徒の医師から治療を受ける。これこそムスリム支配下のスペインの縮図にほかならない。

三つの一神教が共存する。先の見えない現代の混迷する世界からは、とても想像できないことだが、しかし絶対に不可能であるはずはない。かつてそれは中世のスペインで実現していたのだから。

アル・アンダルスの日没、ポルトガル・パルメラ（筆者撮影）

六

キリスト教のことば

信じます。
信仰のない私を助けてください。

新約聖書『マルコによる福音書』より

新約聖書にはイエスの活動を伝える福音書が四つある。そのひとつ、『マルコによる福音書』（ここでは『マルコ伝』と呼びたい）には、悪魔だの悪霊だのがたくさん出てくる。次のような話がある。

人々がイエスの弟子たちを取り囲んで話をしていた。イエスの姿を認めた者たちが走り寄ってきた。どうしたのかとイエスが尋ねると、ひとりの男が答えた（以下の原典をもとに、邦訳聖書をいくつか参照した。*Novum Testamentum graece*, Nestle-Aland ed., Deutsche Bibelgesellschaft, 27. Aufl., 1993）。

「私の息子を連れてきました。この子はもの言わぬ霊に憑かれています。霊が取り憑くと、この子は所かまわず押し倒され、泡をふいて歯をくいしばり、体を縮めてしまいます。それでお弟子さんたちに追い出してくれるよう頼んだのですが、だめでした」

イエスは応えて言う。

「ああ、不信仰な世の中だ。いつまで私があなたがたといっしょにいられるというのか。……その子をここに連れてきなさい」

霊はイエスを見ると、いきなり子どもを揺るがして転げまわした。

イエスが子の父親に、いつからこんなになったのか聞くと、父親は答えた。

「小さい時からです。霊は息子をたびたび火や水の中に投げ込んで殺そうとしました。もしあなたにできるなら、私たちを憐れんで助けてください」

イエスは言う。

「もしできるなら、というのか。信じる者にはどんなことでもできる」

父親は叫んだ（九章二四節）。

「信じます。信仰のない私を助けてください」

イエスは汚れた霊に向かってどなりつけた。霊は暴れまわって出ていき、その子は死んだようになった。イエスが手を取って起こすと、子どもは立ちあがったという。

イエスがはじめて人々の前に姿を現したのは、悪魔を追い出す力を持った存在としてだった。イエスが悪魔を祓う話は他の福音書にも出てくるが、『マルコ伝』の語りはどれよりも直截《ちょくせつ》である。

四つの福音書のうち、『マルコ伝』は冒頭からして他と異なっている。『マタイによる福音書』や『ルカによる福音書』（これも『マタイ伝』『ルカ伝』と呼ぼう）に語られているイエスの誕生の話がここにはない。処女であったマリアが神の子を宿した話であり、この奇跡こそイエスの復活とともにキリスト教の信仰の中核をなすはずであるのに、『マルコ伝』にはそれがない。

記述はいきなり、イエスがヨルダン川でヨハネから洗礼を受ける場面から始まる。それからイエスは荒野で悪魔に誘惑され、これを退けた。ついでガリラヤ湖のほとりで四人の男を自分の弟子とした。それからイエスは弟子たちを連れて湖岸の町に来た。ユダヤ教の会堂に入って語り出すと、それを聞いた人々は、彼がユダヤ教の学者と違って、力ある者のごとく説いたので驚いたという。

そのとき、会堂に汚れた霊に憑かれた人がいて、けたたましい声をあげた。

「ナザレのイエス、おれとあんたに何のかかわりがあるのか。おれたちを滅ぼしに来たのか」

イエスが叱咤して、「だまれ。この人から出ていけ」と言うと、汚れた霊は叫びながら出ていった。誰もが驚愕し、たちまちイエスのうわさがガリラヤ周辺に広まったという。

イエスの存在が人々に知られるようになった最初の出来事は、悪魔を追い出したことだった。さらにイエスは難病の治癒もおこなった。『マルコ伝』には、「大勢の人々がイエスがおこなったことを聞いて、彼のもとに来た」と記されている。イエスはまずその「おこなったこと」によってその名が知れわたったのである。『マルコ伝』による限り、語ったことによってイエスが人々の心に救いをもたらすのはのちのことである。

四福音書のうち、『マルコ伝』のもとになっている部分はもっとも早い時期に成立したとされる。その『マルコ伝』は終わり方まで他の福音書と異なっている。

十字架にかけられたイエスはやがて復活するが、『マルコ伝』の古い写本が伝えるのは、この復活までである。といっても復活したイエスその人は出てこない。

処刑から三日目の朝、マグダラのマリアとヤコブの母マリアはイエスの遺骸に香料を塗るため墓を訪ねた。すると墓石がのけてあって、そこにはイエスの遺骸はなかった。かたわらに真っ白な衣をまとった若者が坐っており、イエスがすでに復活したことを告げた。最後の文は次のように言う。

「彼女たちは墓から逃げ去った。おののき恐れたからである。そして誰にも話さなかった。恐ろしかったからである」

この箇所は『マタイ伝』では、「彼女たちは恐れながらも大喜びで」弟子たちのもとへイエスの復活を告げに行ったとあり、物語は復活したイエスとの出会いへと続いていく。『ルカ伝』となると、もうめでたしめでたしの物語になっている。

この結末の違いには、かなり重要な問題がひそんでいる。

イエスの復活とは、すなわち死者のよみがえりである。そこに立ち会った人にとっては恐怖以外の何ものでもなかったはずだ。イエスを神と信じた人々は、最初は恐怖によってそれを信じたのではないか。

『マルコ伝』に悪魔憑きの話が詳細に記されている理由も、これと関連があろう。そこには、恐るべき悪魔を屈服させる、もっと恐るべき神の姿がある。人々が目にし驚愕したのは、悪魔よりも力のある存在であった。

本当に恐れおののかねばならないのは悪魔などではない。それは神ではないか。その恐るべき神が、霊に憑かれた子の父親に信仰をもたらしたのだ。その力の前には、あらがうすべなどない。人が抱く信仰など、たかが知れている。神はそんなものを必要とはなさらない。

信仰は神が、一方的に、強引に、有無を言わさず人に授けるものであって、私たちに許されるものがあるとすれば、それは「信仰のない私」という絶望的な自覚ではないか。そこにしか信仰があたえられる契機はなく、そこにのみ絶対の恩寵がある。

ガリラヤであなたたちは
あの方に会えるだろう。

新約聖書『マルコによる福音書』より

イエスは処刑された。

夕刻になり、イエスを慕う人が遺骸を引き取り、墓に葬った。三日目の朝に、ふたりの婦人がイエスの墓を訪ねた。するとそこに真っ白な衣をまとった若者が坐っていた。これは天使と解されている。若者は、イエスはもうここにはおらず、すでに復活したのだと言う。そして弟子たちに「あの方は、あなたたちより先にガリラヤにおいでになる」と告げるよう命じた。それはイエスがかねて予告したとおりだという。若者は続けて言う（『マルコによる福音書』一六章七節。ここでも『マルコ伝』と呼ぶ）。

「ガリラヤであなたたちはあの方に会えるだろう」

ガリラヤとはいったいどんな場所か。再会の場所がなぜガリラヤなのか。

ここで聖書の物語を振り返ってみたい。

イエスは洗礼者ヨハネからヨルダン川で洗礼を受けた。

『マルコ伝』はこの場面から始まる。イエスは行く先々でさまざまな奇跡を起こした。悪霊に憑かれた人から悪霊を追い出し、重病の人を癒やし、見えない目を開かせ、不自由な足をもとどおり歩けるようにした。

『マルコ伝』が記すところでは、イエスは洗礼を受けたあと、こうした活動を始めるにあたって弟子を選んだという。

イエスはガリラヤ湖のほとりを歩いていた。網を打っていた漁師がふたりいる。イエスは彼らに声をかけた。

「私についてきなさい。あなたがたを人を漁《すなど》る者にしよう」

ふたりは船も網も捨てイエスに従った。最初の弟子となったのがこのシモンとアンデレの兄弟である。それからさらに進むと、ヤコブとヨハネが船の中で網の手入れをしていた。イエスが声をかけると、ふたりもすぐに従った。彼らは家も仕事もありながら、なぜ何もかも捨てて見ず知らずの男についていったのか。

ついでイエスは湖のほとりの収税所にいたレヴィに声をかけた。その男はローマ帝国の税金取り立て請負人だった。

税金取りの報酬はたかが知れていた。余分に取り立てて自分のもうけにでもしなければ、とても食ってはいけない。彼らにだっておなかをすかせた子がいるかもしれない。ないところから無理矢理に取り立てるのだ。そんな役目は誰だって引き受けたくない。引き受ける人間がいるとしたら、そうでもしなければ職にありつけない者だろう。生まれた町にいられなくなって流れてきた者かもしれない。世間からはみ出した嫌われ者かもしれない。

その彼らが強引に取り立てをする。なおさら嫌われる。そこは抜け出すことのできない蟻地獄だった。

イタリアの画家カラヴァッジョが描いた「聖マタイの召命」という作品がある。『マタイによる福音書』にはレヴィではなくマタイの名で出ており、絵の題名はそれにもとづいている。

舞台は収税所の中である。税金取りがたむろしている。いつも恨まれてばかりいるので、世間の人からどんな目にあわされるかわからない。ひとりでなどいられたものではない。たむろするしかなかった。そこへイエスは割って入り、一番奥にいる男を指さした。

男はすっかり落ち込んでいる。誰よりもみじめに見える。イエスはその男を指さしたのだ。自分についてこいと命じた。真っ暗だった男の心に、光が差し込む瞬間である。

カラヴァッジョの作品はそのさまを描いてあますところがない。絵の右上から光が差し込み、今このとき、男に光が注がれようとしている。この絵はローマのサン・ルイージ・デイ・フランチェージ教会にある。この絵が飾られた礼拝所には、高所に窓があって、絵の前に立つと、絵の右上から外光が差し込み、現実の光がこの男を照らすのである。

男の心は閉ざされていた。だからこそ、イエスの強引さがかえって心に響いたのか。ついていこう。——ただちにそう決断できたのではないか。

イエスが弟子にしたのは、どこかで挫折した者たちではないか。そんな自分たちに声をかけたイエスを彼らは頼みとし、イエスのもとで生きる希望を抱いた。ところが、信じていたイエスが処刑されてしまった。彼らは今また希望をなくしたに違いない。

イエスがふたたび会おうと言ったガリラヤは、かつて弟子たちが、すべてを捨ててイエスに従うことを決意した場所であった。そこでまたイエスに会えるという。絶望した彼らが、ふたたび希望の道を見いだす場所があるとすれば、それはガリラヤをおいてほかにはないはずだ。

宗教を信じていても、それで何もかも解決するわけではない。ただちに救いが実現するわけでもない。いつも目の前が光り輝いているわけでもなく、希望にあふれたままでいられるわけでもない。どれほど信仰を持ち続けていても、ふたたび絶望におちいってしまうことはいくらでもある。しかし、かつて希望を抱くことができた場所があったことは間違いない。

いつでもその場所に戻れる。戻る場所がある。たとえそれだけしか自分にあたえられていなかったとしても、それがふたたび生きる力につながっていく。

私は自分のしていることがわからない。

新約聖書『ローマの人々への手紙』より

パウロのことばである。パウロはキリストの直接の弟子ではない。それどころか、もとはユダヤ教の律法を厳守するパリサイ派に属していた。キリストを処刑に追い込んだ者どものかたわれである。最初はキリスト教徒の迫害に携わっていた。その迫害の途上で、キリストの幻に出会い、急転直下、回心した。打って変わってキリスト教の伝道者となったのである。パウロの貢献で新興の一宗教が地中海世界にまで拡大していく。その足跡は新約聖書『使徒言行録』につぶさに記されている。

多くの困難に遭遇しつつも布教の成果は着実にあがっていた。そのパウロが突然こんな告白を始めたのだ（『ローマの人々への手紙』七章一五節）。

「私は自分のしていることがわからない」

パウロは語る。

私だって正しいことをしたい。だがそれができずに、曲がったことばかりしてしまう。曲がったことをするのは私ではない。私の中に巣くう罪がそうさせるのだ。自分の中によい心が宿っていないことは自覚している。正しいことをしたいという思いがないわけではない。けれどそれをする力がない。曲がったことなどしたくなくとも、それを止めることができない。したくないことをしてまうのは、罪が私をがんじがらめに捉えているからだ。

私の中につねに悪が入り込んでくる、そんなおぞましい原理に支配されているとしか思えない。神の道を歩みたいと心から願っているのに、罪の奴隷となったまま身動きもできない……。

「私はなんてみじめな人間なのか」

パウロはこのように心のうちをあかしたのち、改めてキリストの救いに思いをいたすのであった。

この告白の背景には、ユダヤ教の律法とキリスト教の福音との相克がある。パウロは前者の土壌に育ち、のちに後者の地平に立つことになった。彼自身の中にそのことへの葛藤があり、それを語っているうち、問わず語りにあんな告白に至ったのである。

パウロは人間の意志が転倒していく様相をあぶり出し、情動に支配されていくしかない心の働きを解析した。やがてそれは私たちの心にひそむ悪と、それを克服する神の恩寵という、のちのキリスト教神学の重要課題へと展開していくのだが、そうした難度の高い主題は脇に置いておこう。

それよりもパウロのこの告白を読んで、まず感じてしまうのは、この人の弱さである。かたや、それをここまでえぐり出すことのできる強さである。彼は自分の心の始末をつけることができない。自分の心に宿る何ものかをみずから想定しておいて、そのうえで心がそれに支配され、にっちもさっちもいかずにいる。

そんな告白をあえてする真意はどこにあるのだろう。

自分のうちにどうにもならない何ものかがひそんでいる。努力によっては越えがたいものがある。そうしたものの存在をあっさり認め、自力による克服をすでに断念してしまった。パウロはそのことをあからさまに告白したのである。理性をもってしては及び得ない次元に足を踏み入れ、その深みへと踏み込んでいく。そこに倫理や道徳とは異なる、宗教という領域が開けてくる。信仰へと向かわざるを得ないひとつの道筋が示されたのである。

私たちはパウロのように弱くはなれない。だから強くもなれないのではないか。

理解を超えているからこそ
一途に信じることができる。

テルトゥリアヌス
『キリストの肉体について』より

キリストが処刑されて百数十年が過ぎた。迫害はやまず、ローマでは殉教者があとを絶たない。そうした時代のことである。

西暦一五五年ごろ、テルトゥリアヌスは北アフリカのカルタゴに生まれた。ローマの属州のうちでも屈指の大都会である。弁護士として活動したのち、キリスト教に入信した。一九七年に主著『護教論』を完成させ、多くの著述をなしたが、晩年は教会から離れてしまう。二二〇年以降に没した。

『キリストの肉体について』に言う（五章四節。Tertullianus, *De carne Christi*, V, 4, *Quinti Septimi Florentis Tertulliani opera montanistica*, Corpus Christianorum, series latina, II, Brepols, Turnholt, 1954）。

「神の子が十字架にかけられた。それは恥ずべきことだからこそ恥としない。神の子が死んだ。それは理解を超えているからこそ一途に信じることができる。そして葬られ復活した。それは起きるはずがないからこそ確かなことなのである」

テルトゥリアヌスは逆説的な文章をたたみかけるように繰り出していく。逆説的ではあるが、決して逆説ではない。とはいえ、どれも常識をくつがえす文章ばかりである。とりわけ最初の一節は捉えにくい。これは旧約聖書と新約聖書の記事が踏まえられている。『申命記』に「木にかけられた者は神に呪われた者」とある（二一章二三節）。古代のイスラエルでは律法を破った重罪犯の死体を柱に刺した。キリストの時代には死刑囚を生きたまま木に釘づけにした。恐るべき処刑法である。パウロは『ガラテヤの人々への手紙』の中で、「キリストは私たちのために呪われた者となって、律法の呪いから私たちを贖《あがな》い出した」と述べている（三章一三節）。神が定めた律法を守りきれない私たちである。私たちが受けねばならない恥ずべき刑罰をキリストがわが身に引き受けたのだという。だからこそ「恥としない」のである。

続く一節は、ただ「信じることができる」だけでなく、ラテン語で「まったく」「ひたすら」を意味するプロルススという副詞がついており、特に調子が強い（ここでは「一途に」と訳した）。不名誉な、不合理な、不可能なことだからこそ、それを恥とせず確かだと信じる意味がある。理解の範囲内であれば、そもそも「信じる」必要はない。世間の常識も理解の枠組も逸脱しているからこそ、「信じる」という決断が要求される。このことはのちほど改めて考えてみたい。

これと似たことばに「不条理なるがゆえに我信ず」というのがある。日本語の文としても古くから知られていた。どこまでさかのぼるかわからないが、原文とされる«credo quia absurdum»も欧米の引用語辞典にはたいてい出ており、アウグスティヌスもしくはテルトゥリアヌスのことばとしてある。出典まで表示した辞典もある。だが原書を確かめてみればどこにもこのことばは出てこない。

アウグスティヌスは古代キリスト教世界における最大の神学者のひとりである。この文の意図するところが理性への懐疑であるならば、アウグスティヌスはあまり言いそうにない。哲学と宗教の調和、理性と信仰の和解をめざした人である。

キリスト教では神を三位一体と説く。神という唯一の実体は、父なる神と子イエスと聖霊という存在の三つのありよう（教会では「三位格」と訳す）を本質とするという。これを定立させたのはテルトゥリアヌスだが、信じて受け容れる以外にないこの極めつけの奥義《ミステリウム》を、アウグスティヌスは理性によって把握し、ことばによって説明しようと奮闘した。第四十三説教の中で「信じるために理解し、理解するために信じよ」と語っている（Augustinus, *Sermo*, XLIII, 9, *Sancti Aurelii Augustini sermones de vetere Testamento*, Corpus Christianorum, series latina, XLI, Brepols, Turnholt, 1961)。

かたやテルトゥリアヌスは、理性による認識を超えた存在、ことばをもっては表現し得ない事象に目を向けた。この人ならば「不条理なるがゆえに」と発言したと考えても的外《まとはず》れではない。

やがてカトリック教会はテルトゥリアヌスではなくアウグスティヌスの方向に沿って動き始める。アウグスティヌスの「信じるために理解し」という文言はキリスト教神学のめざすべき方向を決定した。中世のスコラ哲学はその巨大な体系化である。現在のカトリック教会の立場も根本的には変わっていない。前教皇ベネディクトゥス十六世は信者を対象とした演説でこのことをたびたび強調したほどである（ローマ教皇庁の一般謁見演説はカトリック中央協議会のホームページで邦訳を閲覧できる）。

キリスト教の信者は教会で「使徒信条」という祈りのことばを唱える。これは「われは信ず」から始まる。原文であるラテン語の最初の語から「クレド」とも呼ばれている。カトリック教会ではかつては文語訳の「公教会祈禱《きとう》文」が用いられた。

そこでは「われは信ず、唯一の主、神の御《おん》ひとり子、イエス・キリストを」と唱える。神の子は「われらのために十字架につけられ、苦しみを受け、葬られたまえり。聖書にありしごとく、三日目によみがえり、天にのぼりて、父の右に座したもう」という。これを唱えることによって、みずからの信仰を表明するのである。

父なる神の子であるイエスが、あろうことか十字架にかけられ、そして復活した。それを信じる。これがキリスト教の信仰である。

それはあるはずのないこと、あってはならないことである。だからこそ、それを信じるか、信じないかが問われるのだ。あるはずのことであれば、誰でも客観的認識が可能である。そこでは「信じる」という心の働きなど必要としない。見ればわかること、聞けばわかることは、今さら信じるまでもない。

キリストが処刑された記事はローマの裁判記録にないという。仮にキリストの復活が歴史的に、あるいは科学的に立証されたなら、それは万人に承認されるべき対象となるだろう。あえて信仰するまでもない事実となるだろう。事実は信仰を要求しない。

刑死した男がよみがえった。そのことが奇跡として意味を持つのは、それを信じる主体がある場合に限られる。信じると決意し、まるごと受けとめた者にとっては、かけがえのない真実となって、その人を照らし続ける。信じない者にとっては、ただ不名誉な、不合理な、不可能なことでしかない。

「理解を超えているからこそ一途に信じることができる」――これは「信じる」ことの覚悟をあかしたことばである。信仰という心の働きの本質に迫った命題にほかならない。

この世のへたくそな芝居を見せられるのは
どれほどつらいことか。

アビラの聖女テレサ『生涯の書』より

イベリア半島の中ほど、海抜千メートルの中央高地に中世の町アビラがある。旧市街はいかめしい城壁で囲まれている。司教座が置かれていたので、それほど大きくもない町に聖堂がたくさんある。

テレサは一五一五年にこの町で生まれた。本名はテレサ・デ・アウマダという。貴族の家で九人兄弟、三人姉妹のひとりとして生まれた。『生涯の書』と題された自伝がある。

テレサが十二歳になる前に母が亡くなった。アビラの町の修道院附属学校の寄宿生となり、そこで修道女からいろいろな話を聞くうちに、心に「永遠なものへのあこがれ」を抱いたという。はたちになったテレサは修道生活に入る決意をした。しかし娘を誰よりも愛していた父は同意しない。家を抜け出して町の城壁の外にあるカルメル会のエンカルナシオン修道院の門をくぐった。二年後に、修道女となって神に身をささげる修道誓願を立てたが、まもなく心臓発作におそわれ、やむなく帰宅した。二十七歳のとき健康を取り戻し、父の最期をみとったのち、修道生活に復帰した。

ある日、テレサはキリスト像のもとで祈っていた。痛ましいその姿に激しく心が動いた。こんなにも傷つけられた神の前でなすすべさえない。そう思うと心が引き裂かれそうになって、その場に倒れた。テレサは自分に対する信頼をまったく失い、神にすべてをゆだねた。その思いを「主は確かにお聞きいれくださった」と語ったのである（Santa Teresa de Jesús, *Libro de la vida*, ed. Ferén de la Madre de Dios, *Obras completas de Santa Teresa de Jesús*, Biblioteca de Autores Cristianos, Madrid, 2012）。

これは一五五四年の復活祭直前の体験とされる。四十歳になる前のことだった。テレサが見たというキリスト像は、今もエンカルナシオン修道院に遺されている。

テレサが晩年にまとめた『魂の城』という書物がある。そこにはこのキリスト像の体験を思わせる記述がある。「十字架像の前でひどく心を痛めている人がいた」という。年下の修道女を導くための書物なので、あえて三人称で語られているが、心を痛めている「その人」はかつてのテレサ自身である（Santa Teresa de Jesús, *Moradas del castillo interior*, *Obras completas*）。

その人は、何も主にさしあげられるものがなく、主のために捨てることのできるものもない。そう思って悲嘆にくれていた。すると、十字架の主がみずからその人を慰めてくれた。主は告げる。

「自分が受難にあったとき忍んできた悲しみと苦しみをすべてあたえよう。それを自分のものとして父なる神にささげるように」

その人の魂は慰められた。ありあまるほど豊かな気持ちになることができた。そのときの思いを忘れることができない。そして自分をひどくみじめに感じるとき、それを思い出しては慰められ、励まされるという。

このころを境にテレサの心は神との合一をくりかえすようになった。突然に神が迫ってきて、「神が私のうちにおいでになる」と感じる。あるいは「私が神のうちに完全に沈められる」のを疑うことができなくなる。魂は神との「一致《ウニオン》」によって、このうえない喜びに浸っている。その「喜びの涙によって消え去ってしまいたい」と願うばかりだった。

神が自分の中にいる。魂は茫然となって、目の前のことにただ驚くばかりである。心は神への愛に向けられていても、記憶は失われてしまう。テレサがアロバミエントと呼ぶ絶頂の状態である。それは「高揚であり、魂の飛翔であり、奪い去ること」だという。神が魂を奪い去ってしまう。そのとき目は閉じられ、たとえ開いていても何も識別していない。音を聴くこともできない。あらゆる感覚が神との一致の中で失われていく。今何がおこなわれているのか知りようがなく、神の領域にあるものを人が説明することなど思いもよらない。私たちが「それを知ることなど神は望んでいない」とテレサは語る。

神が開示したものに圧倒されればそれでよい。神が望んでいるのは、「ひたすら恵みをあたえる人」がいることだけである。だから、私たちが神に望まれるようになるには、自分を「完全にゆだねること」が必要だという。まったく一方的である。神が選ぶのである。人にできるのは任せきることだけだ。

世の中にこんな強引な話があってよいのか、と思うのは私たちが俗世に生きるだけの存在だからである。自分が大事で、自分にこだわってしか生きられない。ほかにどうしようもないのだが、私たちの理解の外にはこうした世界もある、ということは心のかたすみに置いておきたい気もする。自分がこの世界から（世間から）はみ出してしまったとき、私たちがいだいてきた常識や価値観をひっくり返す世界があるという、その事実を知るだけでも、いくらかは慰められるだろうか。

神とまじわるところへ到達した魂にとって、ふたたび世のことどもに煩わされるのは耐え難い。テレサは嘆く（『生涯の書』二一章六節）。

「この世のへたくそな芝居を見せられるのはどれほどつらいことか。体に気を配ったり、寝食に時間を取られたりするのはどれほどむなしいことか」

魂が奪われてしまうときの苦痛などはたいした問題ではない。なにしろ「一瞬のあいだに魂はこの牢獄から解放される」のだから。それは神に魂を支配された至高の時間にほかならない。

神に選ばれた「その偉大さは、彼女から出たものではない」――それは言うまでもないことなのに、それさえも周囲から理解されることはない。今このアビラの町にも「主がこのような恵みをあたえてくださる人たち」がいる。それを知ってもらえたらとテレサは願う。ここには「人たち」とあるが、実際にはテレサひとりだったのかもしれない。

手がからっぽなのがうれしいんです。

幼いイエスの聖テレーズ
『修道院長アニェスの黄色い手帖』より

幼いイエスの聖テレーズ、本名マリー・フランソワーズ・テレーズ・マルタンは、一八七三年に北フランスのノルマンディーのいなか町で生まれた。十五歳のとき母の故郷の町のカルメル会修道院に入り、修道名「幼いイエスと尊い面影《おもかげ》のテレーズ」を授かる（ここでは日本のカトリック教会の伝統にならって「幼いイエスの聖テレーズ」と呼びたい）。修道生活は十年に満たず、二十四歳の秋に結核でその短い生涯を終えた。

十九世紀の後半はヨーロッパ社会が急速な進歩をとげた時代である。信仰のあつい人々にとって世の中の激変は脅威でさえあった。生活とともにあった教会の意味さえも揺らごうとしている。このような事態に困惑したあげく、かえってかたくなに信仰の世界にとどまって世の中の動きに背を向けた人々がいる。テレーズの家族もそうだった。父親は娘たちが神にささげられることを願った。娘たちはみな修道生活にあこがれ、その門をくぐったのである。

テレーズはおもてだっては何の起伏もない生涯を送り、天に召された。病床で書きつづった回想が、カルメル会の会則に従って各地の修道院に送られた。それからいくらもたたないうちにフランス中の教会は驚きにつつまれる。翌年それは『ある魂の歩み』という題で出版され、たちまち版を重ね、数十か国語に翻訳された。教皇ピウス十一世は一九二五年にテレーズを聖女に列した。

修道院長であった姉イエスのアニェスが病床のテレーズに打ち明けたことがある。自分は死ぬときに神様にささげられるものがないのがつらい、というのだ。するとテレーズはこう答えた（*Le Carnet jaune de Mère Agnès, Sainte Thérèse de l'Enfant-Jésus et de la Sainte-Face, Œuvres complètes,* Les Éditions du Cerf et Desclée de Brouwer, Paris, 1992）。

「私は手がからっぽなのがうれしいんです。だって、何もかも神様からいただくことができるんですもの」

テレーズは神を信じ、いっさいをゆだねた。主の憐れみの前に、からっぽの自分をまかせきる。そんな幼な子のような心が人々に驚きをあたえた。テレーズはそうした信仰を「小さな道」と呼んだ。この道を通じてなら、誰もが神の愛に応えることができるようになるという。

テレーズが亡くなって三十年後のことである。ユーゴスラヴィア（現在の北マケドニア共和国）生まれのひとりの少女が修道女になった。テレーズを慕い、みずからの修道名とした（その地の発音ではテレサという）。それからインドのコルカタへおもむき、貧しい人の中でも、もっとも貧しい人々に尽くす仕事を始めた。彼女はのちにマザー・テレサと呼ばれた。

もっとも小さな者のひとりにしたこと、
それは私にしてくれたことなのだ。

新約聖書『マタイによる福音書』より

イエスは人々に語った。いつか神の審判がくだる日が来ることを。そのとき神の国に迎えられる人がいる。その人たちにイエスはこう語りかけるという。

「あなたがたは私が飢えていたときに食べさせ、渇いていたときに飲ませてくれた。旅人であったときに宿らせ、裸でいたときに服を着せ、病気のときに見舞い、牢獄にいたときに訪ねてきてくれた」

人々はこれを聞いて思うに違いない。いつ自分たちがそのようなことをしたのかと。イエスはこう言うだろう。

「もっとも小さな者のひとりにしたこと、それは私にしてくれたことなのだ」

この話は新約聖書『マタイによる福音書』に記されている（二五章三一～四〇節）。

ここに言う「もっとも小さな者」とは誰のことか。それは飢えている人であり、渇いている人である。貧しい人であり、病気の人である。見捨てられた人も、孤独でいる人もそこに含まれるに違いない。親に捨てられた子も、親を失った子もきっと含まれる。捨て子やみなし子はその中でも、もっとも小さな、もっとも弱い者かもしれない。

もっとも小さな者を救う。それがイエスの説いた教えだった。

日本にキリスト教が伝わったのち、キリシタン禁制の長い歴史を経て、明治の世にようやく禁教令が解かれた。ふたたび宣教師が日本を訪れるようになる。

フレデリック・ガルニエ神父は一八八五年（明治十八年）にパリ外国宣教会から派遣されて日本に来た。二十五歳のときである。長崎で布教にたずさわり、三十二歳で天草諸島のはずれの下島《しもしま》に赴任した。それからずっと天草を離れることなく、その地で生涯を終えた。

神父が天草に住んでしばらくたった一九〇七年（明治四十年）のことである。東京から文学志望の青年たち五人が島を訪れた。歌人の與謝野鐵幹《よさのてっかん》にひきいられた一行である。その中に北原白秋《きたはらはくしゅう》もいた。五人が交替で紀行文を書きつらね、のちに『五足の靴』と題して出版した（『白秋全集』第一九巻所収、岩波書店、一九八五年）。

『五足の靴』の一行が九州を旅したのは、ひとつには「パアテルさん」と彼らが呼ぶガルニエ神父に会うためだった。パアテルとはラテン語で神父のことである。このとき白秋が詩を書いている（『五足の靴』では「H生」と署名）。

「葡萄《ぶだう》の棚《たな》と無花果《いちじく》の
　熱きくゆりに島少女
　牛ひきかよふ窓のそと、
『パアテルさんは何処《どこ》に居《ゐ》る。』」

五人はパアテルさんのいる天主堂を訪ねた。小高い丘の上にあり、現在の天主堂ができる前の小さな聖堂だった。「まかん」といっしょに暮らしていた。まかんというのは土地の方言で、まかない人のことである。パアテルさんは天草に来てもう十五年になる。天草ことばで「上におあがりまつせ」と勧めたという。

そのころガルニエ神父は大事な仕事に携わっていた。

ひとつは新しい天主堂の建設である。

これは遠大な計画であった。途方もない費用がかかる。貧しい村の人たちよりももっと貧しい暮らしをして倹約を重ねた。神父の黒い服を十数年も着とおした。つぎはぎだらけで色もあせている。教会の行事で福岡に出かけるときも平気でそれを着ていく。故郷のフランスにいる姉がときおり靴下やシャツを送ってくれたが、お金のない人にあげてしまうのだという（浜名志松『天草の土となりて』日本基督教団出版局、一九八七年）。

天主堂の完成は一九三三年（昭和八年）である。大江に赴任してから四十年が過ぎていた。神父はここの土になることを決めていた。新しい天主堂は信者たちへのただひとつの贈り物だと語っていたという。今も白い天主堂の塔が天草の青い空に映えている。

そしてもうひとつの仕事は「子部屋」と呼ばれた孤児院の維持であった。

捨て子だけではない。両親を失って、よるべのない子がたくさんいた。神父はみずからそうした子どもたちを探して歩いた。ときには人を介して連れてきてもらった。目の見えない子も捨てられていた。手足の不自由な子も捨てられていた。栄養状態はよくない。引き取ってもすぐに死んでしまう子もいる。これは当時の孤児院ではどこでも同じだった。子部屋の跡から少し降ったところに墓があり、小さな十字架が立っていた。

山の中ほどではあるが、いくらか平らな場所もある。芋や野菜を作って自活した。墓からさらに降ったところに涸れた井戸がある。のぞいてみればかなりの深さだった。子どもたちが当番を決めて水を汲みに来たのだろう。

子部屋はすでになくなってひさしい。その跡を訪ねたいと思い、大江の近くにある旅館に泊まった。周辺には『五足の靴』の足跡をたどる遊歩道がある。けれども子部屋のことは旅館の人は知らなかった。天草の観光タクシーの会社にも尋ねたが、誰も行ったことはないという。ただ山の中にそういう所があるのを聞いたという運転手さんがいて、連れて行ってくれた。

白秋たちが訪ねてきた日の前後にも、神父は子部屋に通っていたのか。重い荷物をかついで大江教会から何キロもの山道を登っていく。子どもたちの健康状態を確かめ、いっしょに遊んであげた。教会の行事がないときは子部屋に泊まった。山奥に吹きすさぶ風の音は、幼い子にはさぞ心細かろう。そんなみなし子たちの手をつないで眠ったのか。文学青年たちの知らないパアテルさんの生活がそこにはあった。

カトリック長崎大司教区の川口清司祭がガルニエ神父の思い出を書き残している。長いあいだずっと胸の奥に秘めてきたのだという（竹森敏、竹森要著『天草からフランスに架ける橋』私家版、一九九〇年）。

ガルニエ神父の晩年のことだった。天主堂の近くの村に、「直《なお》」と呼び捨てにされている知恵遅れの子がいた。あちこちうろつきまわってばかりいる。人から「馬鹿《ばか》」「阿呆《あほう》」とののしられ疎《うと》まれていた。

ある日、直が神父の住んでいるところにやって来た。神父はその姿を見ると、「直、あがれ」と言って自分の部屋にあがらせた。ちょうど昼時だった。質素な昼食がテーブルの上にある。神父はそれを直と分けあって食べた。

それからも直は時々やって来て、あたりまえのように神父の部屋にあがり込んだ。まかんの青年は迷惑がったが、神父はいやな顔ひとつせずに、この汚らしい身なりの子に愛情を注いだ。

　福岡にいたアルベール・ブルトン司教がはるばる訪ねてきた。まかんがテーブルの上に食事を並べ終えたときである。そこへ直が現れた。いつものように挨拶もなくあがり込んで、皿のものをつかんでむしゃむしゃ食べ始めた。司教はたまりかねて神父を問いつめた。客の前でこれはいったい何ということか。なぜ制止しないのかと。

　神父はまぶしそうに直を見つめながら、司教にこう答えた。

「お気持ちはよくわかります。しかしよく考えてみてください。聖職者とはいえ、私にも閣下にも、まだはっきりとした天国の保証はないのです。だがこの子は知恵遅れですが、罪のひとつもなく、確実に天国が保証されているのです。私にとってこの子は姿を変えたキリスト様と同じです」

　その信念に満ちたことばに、司教は返すことばがなかったという。

　それから数年後の一九四一年（昭和十六年）一月にガルニエ神父は亡くなった。日本にあること五十六年、八十一歳の生涯であった。葬儀の日にはブルトン司教も駆けつけてきた。かねて神父が望んでいたとおり、遺体は新しい天主堂のかたわらに葬られた。

　一夜あけた次の日のことである。神父の墓にすがりついて、声をあげて泣いている者がいる。誰もが馬鹿だ阿呆だと冷たい目で見てきた直だった。日が暮れても直は立ち去ろうとせずにそこに居続けた。来る日も来る日も、北風が吹く日も雪の舞う日も、直はそこに来て泣いていたという。

捨てられた子どもたち、さげすまれた人々への愛をつらぬいてきた神父であった。それを思うとき、神父が語った「姿を変えたキリスト」ということばが光に包まれてくる。それはかつてキリスト自身が語ったことばに照らされているかのようだ。こんなことばだった。

「もっとも小さな者のひとりにしたこと、それは私にしてくれたことなのだ」

こうして人は神とつながっていくのか。そのとき、キリストは過去の人ではなくなる。今も私たちの目の前にいるのかもしれない。

聖母子像、熊本県天草市天草町大江（筆者撮影）

星海社の栗田真希さんが大学の研究室を訪ねてきた。

栗田さんは筆者が担当した講義のかつての受講生である。大学では音楽や舞踏など芸術関係の科目を教えている。学生時代に美術史を学んだのでその延長である。哲学と宗教の講義も担当している。ヨーロッパでキリスト教の神学を学んだおかげである。ほかにもあれこれやらされてきたが、それは書いても詮ない。

哲学の授業は筋道を立てて考えていくことで理解に至るものと期待している。だが宗教は筋道どおりにたどることができない。それを受けとめる側の感性が、わが身のみじめさ、生きていくことの寂しさ、あり続けることのむなしさ、そうした負の方向に動くかどうか、そこが分かれ道になる。

栗田さんは卒業後にいくつかの職業を経験したと話してくれた。いろいろな土地で暮らしたという。そして私の研究室に来た。今ならば信仰について、ともに考えていきたい。

ただ、すぐには心に届かないことがあるかもしれない。理屈で割り切れるわけではないから、それは仕方がないけれど、いつか語りかけてくるときもあるだろう。

おしなべて人文学は何かにすぐに役に立つことをめざしていない。いつか役に立つことがあるかもしれない。そうした本を書く機会をあたえてくださった星海社新書編集部の方々に感謝したい。示されたテーマは「信仰のことば」である。自分のことを語るのはみっともない。それなのに信仰のことばにことよせて、自分のことを語り過ぎた。本の題名は栗田さんの発案である。十数年ぶりで研究室を訪ねてくれたのがきっかけで、一冊の本にまとめることができた。そのことに何より感謝したい。

二〇二四年八月
菊地章太

宗教史学者《しゅうきょうしがくしゃ》が世界六大宗教《せかいろくだいしゅうきょう》から選《えら》ぶ「信仰《しんこう》のことば」

二〇二四年一〇月二一日 第一刷発行

著者 菊地《きくち》章太《のりたか》

発行者 太田《おおた》克史《かつし》
編集担当 栗田《くりた》真希《まき》
発行所 株式会社星海社
〒一一二-〇〇一三
東京都文京区音羽一-一七-一四 音羽YKビル四階
電話 〇三-六九〇二-一七三〇
FAX 〇三-六九〇二-一七三一
https://www.seikaisha.co.jp
発売元 株式会社講談社
〒一一二-八〇〇一
東京都文京区音羽二-一二-二一
(販売) 〇三-五三九五-五八一七
(業務) 〇三-五三九五-三六一五
印刷所 TOPPAN株式会社
製本所 株式会社国宝社

アートディレクター 吉岡秀典《よしおかひでのり》(セプテンバーカウボーイ)
デザイナー 及川《おいかわ》まどか(セプテンバーカウボーイ)
フォントディレクター 紺野《こんの》慎一《しんいち》
校閲 鷗来堂《おうらいどう》

ISBN978-4-06-537376-7
Printed in Japan

291

日本再発見

駐日ジョージア大使　ティムラズ・レジャバ

超「日本通」大使が語る、日本人の知らない日本

「日本にはこんなに多くの美点が眠っているのに、他ならぬ日本人がその価値を見過ごしている」――日本文化への深い洞察で人気を集めるティムラズ・レジャバ駐日ジョージア大使に、日本への思いの丈を語り尽くしていただいたのが本書です。外交官だからこそ垣間見える、私たちの知らない皇室の一面、国際的に見て特異な発展を遂げた日本の食文化、ローカルな街に隠された驚くほど複雑な歴史など、日本人は当たり前だと思っている、しかし世界から見るとユニークでおもしろい「日本らしさ」は数多く眠っています。さあ、ジョージア生まれ日本育ちのレジャバ大使と、日本の魅力を再発見していきましょう。

281

出口治明学長が語る 人生が楽しくなる世界の名画150

出口治明

本・旅・歴史を愛する知識人が語るヨーロッパ絵画の楽しみ

ただ美術館に行って好きな絵を見ればいい。好きな絵に感動したら、その絵をもっと知るために本を読みたくなり、いつのまにか美術史や神話、歴史にも詳しくなる——これが、半世紀以上ヨーロッパ絵画に魅了されてきた出口治明の、シンプルかつ究極の絵の楽しみ方です。

本書では、出口治明が世界の名だたる美術館に足繁く通う中で感銘を受けた150枚の絵画の見どころを歴史や神話とともに解説し、さらに世界の五大美術館をはじめとする名美術館の歴史的エピソードをご紹介します。出口治明とともにめぐる、ヨーロッパ絵画の旅をお楽しみください。

294

小説編集者の仕事とはなにか？

唐木厚

編集者の仕事を、徹底的に語り尽くす！

講談社ノベルスだけでも180冊以上を担当し、メフィスト賞の創設にも携わった編集者・唐木厚。京極夏彦氏や森博嗣氏のデビューを世に問うた筆者が、いかに本づくりに打ち込んできたのか。編集者の仕事の本質に迫ります。数多くの作家とタッグを組んできた豊富な経験と鍛え上げられた奥深い知見から、編集者に必要な能力をいかに養えば良いのか丁寧にまとめました。それだけではなく、右肩下がりと言われている小説の現状の分析と、未来への熱い展望についても独自の視点で語ります。ミステリについてのQ&Aも掲載、ミステリ好きも必見です。「小説編集者の仕事とはなにか？」筆者と一緒に楽しく考えてみませんか。

小説編集者の仕事とはなにか？

唐木厚

そう。この人が、30年前僕がかけた電話に出てくださった“始まりの人”です。

――京極夏彦

300

一流企業の入社試験

東大カルペ・ディエム

思考力を問う一流企業の入社試験を厳選収録＆解説！

一流企業の入社試験では「ボールペンの市場規模は？」「駅の空きスペースを活用するには？」といった地頭を試す問題が数多く出題されます。そんな入社試験問題から世界的コンサルや巨大ITなどが出題した良問を厳選し、実際に内定を獲得した東大生の解説とともに収録しました。一流企業が求める思考力を養って志望企業に内定するための問題集として、またフェルミ推定やケース問題の力を鍛える頭の体操として、楽しみながら解いてみてください。巻末には人事コンサル・曽和利光氏への入社試験インタビューを収録し、企業が入社試験を課す意図などを語っていただきましたので、就活戦略を立てる上で合わせてお役立てください。

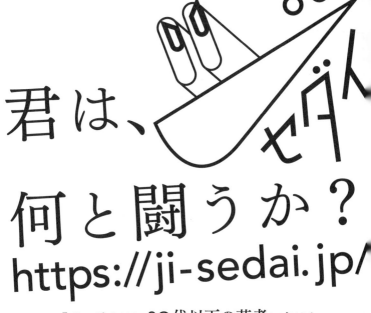

次世代による次世代のための

武器としての教養
星海社新書

星海社新書は、困難な時代にあっても前向きに自分の人生を切り開いていこうとする次世代の人間に向けて、ここに創刊いたします。本の力を思いきり信じて、みなさんと一緒に新しい時代の新しい価値観を創っていきたい。若い力で、世界を変えていきたいのです。

本には、その力があります。読者であるあなたが、そこから何かを読み取り、それを自らの血肉にすることができれば、一冊の本の存在によって、あなたの人生は一瞬にして変わってしまうでしょう。思考が変われば行動が変わり、行動が変われば生き方が変わります。著者をはじめ、本作りに関わる多くの人の想いがそのまま形となった、文化的遺伝子としての本には、大げさではなく、それだけの力が宿っていると思うのです。

沈下していく地盤の上で、他のみんなと一緒に身動きが取れないまま、大きな穴へと落ちていくのか？　それとも、重力に逆らって立ち上がり、前を向いて最前線で戦っていくことを選ぶのか？

星海社新書の目的は、戦うことを選んだ次世代の仲間たちに「武器としての教養」をくばることです。知的好奇心を満たすだけでなく、自らの力で未来を切り開いていくための〝武器〟としても使える知のかたちを、シリーズとしてまとめていきたいと思います。

2011年9月

星海社新書初代編集長　柿内芳文

SEIKAISHA SHINSHO